내가 만난 세상

김민정 수필집

내가 만난 세상

수필과비평사

머리말

중복이 오니 매미가 자신의 존재를 알리듯 힘차게 울어댑니다. 올해도 삼복염천을 가능한 한 꼿꼿한 자세로 이겨내야 합니다.

무더위를 이겨내는 방법의 하나는 무언가에 빠져드는 겁니다. 더위를 잊을 만큼요, 저는 그 방법을 글쓰기로 택했습니다. 지난 5년 동안 책 3권을 발간하였지요. 그것도 뜨거운 여름날에요. 올해도 공교롭게 삼복더위에 네 번째 책을 발간하게 되었습니다. 시원한 글 숲에서 피서하는데 가슴은 오히려 뜨거워져 옴을 느낍니다.

책을 발간할수록 어려움이 더욱 커집니다. 멋모르고 할 때가 행복했던 것 같습니다. 제4권 《내가 만난 세상》은 여러 신문에 발표했던 작품들을 한자리에 모았습니다.

태양이 머문 자리에 일용할 양식이 쌓이는 것처럼 제가 머문 곳에는 마음의 양식을 쌓는 일을 계속하려고 합니다. 매미가 자신의 존재를 울음으로 알리듯이 저는 이 책을 통해 독자와 소통하려 합니다. 이 한 권의 책이 세상에 나아가, 많은 이들에게 위로가 되고 힘이 되었으면 좋겠습니다.

끝으로 무더위를 잊게 해주신 충북문화재단과 출간에 도움을 주신 수필과비평사 서정환 회장님께 감사의 말씀을 전합니다.

2023년 9월
김 민 정

| 목 차 |

제2부

제3부

제4부

제5부

제1부

삭朔

고된 하루를 지내고 창밖을 본다. 캄캄한 밤하늘에는 달도 자신의 몸을 보이지 않는다. 아득히 먼 곳에 떠 있는 별들만이 무량으로 황량한 내 마음을 끌어당긴다.

음력 매월 초하루에는 지구와 달과 태양이 일직선상에 놓인다. 이날은 달이 지구와 태양의 사이를 운행하면서 태양과 동시에 출몰하기 때문에 달빛이 보이지 않는다. 그래서 지구에서는 달을 볼 수 없다. 떠 있지만 보이지 않는 달. 이러한 상태를 삭朔이라 한다.

사람 관계에서도 삭朔을 볼 때가 있다. 곁에 있어도 드러나지 않게 붙잡아 주는 그런 달 같은 사람이다. 늘 만날 수는 없지만 나를 끌어당기는 사람, 곁에 보이지 않지만 내 가장 가까운 곳에서 주파수를 보내주고 있는 사람이다.

K 선생은 위대한 성 모니카와 같은 사람이다. 나는 그녀의 사랑 깊이를 말하고 싶다. 나를 사랑하는 그 마음의 깊이가 그랬다. 혼자서 세상 살아가는 방법을 몰라 헤맬 때 모든 일을 차근차근

히 마주하는 법을 가르쳐 주었고, 어려운 일이 닥칠 때마다 부모의 마음으로 나의 무거운 하루를 무사히 넘게 해준 조력자였다. 그녀의 끝없는 열정은 내가 홀로 일어설 수 있도록 주파수를 끊임없이 보내왔다. 그녀를 보면서 나는 힘겨움이 크게 느껴지지 않았다. 그녀는 보이지 않는 나의 미래에 확고한 믿음을 심어 주었고, 소중한 것을 얻기 위해서는 아주 오래 기다려야 한다는 것도 알려주었다. 견딜 수 없는 고통도 웃음으로 넘길 줄 알게 하고 축 처진 그믐달처럼 고개 숙일 때마다 '힘내라'라고 기운을 불어주며 삶을 재촉했다. 오롯이 내게만 들려주는 소리 없는 눈길은 많은 날을 삭朔으로 비춰주었다.

삭朔이 지나고 음력 초사흘이면 초승달이 뜬다. 검은 커튼 사이로 살짝 내민 광원체는 자신의 존재만 간신히 알리는 빛이었다. 나는 초승달처럼 수줍게 세상 밖으로 나오기 시작했다. 그 빛은 점점 광채를 드러내며 주위 사람들에게 인정받고 사랑받을 때마다 큰 만족감을 느꼈다.

초승달이 점점 커져서 상현달로, 상현달이 한 주를 더 살아 보름달이 되고, 다시 점점 작아져 하현달이 되고 그렇게 몇 날 더 기가 죽다가 그믐달이 되어 결국 삭(朔)으로 돌아간다는 사실을 잘 알지 못했다.

빛을 낸다고 내세울 것도 아니며 빛이 사라진다고 아쉬워할 일도 아니라는 것을 그제야 깨닫게 되었다.

이제 삶 속에 나를 드러내지 않는 훈련을 한다. 어떠한 일을 하든지 일하는 동안에는 삭朔이 되어 자신을 감추다 보니 어둠 속에서 빛은 더 밝게 빛나고 있었다.

사실, 보름달과 완전히 꽉 찬 둥근달은 다르다. 달이 완전히 꽉 찰 때를 망望이라고 한다. 망은 지구를 기준으로 해와 달이 정 반대편에 위치할 때이다. 음력 날짜로는 15일에서 17일 사이에 해당한다.

음력 보름, 즉 15일에 뜨는 달을 보름달이라고 한다. 대부분 사람들은 보름달을 가장 둥근달로 생각하고 있다. 그런데 가끔 보름달이 완전히 둥글지 않고, 오히려 그다음 날이 더 둥글게 보일 때가 있다. 보름달이 항상 둥글게 보이지 않는 것처럼 세상일은 늘 변화무쌍하다는 것을 기억하고 그에 대한 대비를 늘 준비하라고 하신 K 선생의 사랑으로 어둠을 벗어나기 시작했다.

이제는 달이 차올라도 줄어들어도 안타까워하지 않는다. 그 크기는 변해도 달의 원형은 변하지 않기 때문이다. 나를 향한 그녀의 사랑은 언제나 차오르지 않아도 그의 밝음은 변함이 없었다.

달은 스스로 빛을 낼 수 없어 태양의 빛을 빌린다.

태양의 빛을 빌려 어둠을 밝히며 앞뒤를 구별하게 하고 바닷물을 밀물과 썰물로 만들어 그 시간과 양을 바꿔 놓는다. 밀물은 달이 위치한 곳으로 끌어당겨 그 힘을 작용한다. 내가 실족할 때마다 그녀의 믿음은 밀물이 되어 내게 새 힘을 나게 했다. 그녀의 기조력은 밀물과 썰물로 내 주위를 공전하고 있다.

K 선생은 산수傘壽를 앞두고 여일如一한 모습이 내게는 더없이 아름답게 다가온다. 오늘도 어김없이 어둠 속에서도 묵묵히 나아갈 용기와 희망을 잃지 않도록 열정과 인내를 갖고 빛을 보내주고 있다.

평생을 함께 가며 두 손을 놓지 않는 님. 그 따뜻한 전율로 공생하는 법을 가르쳐주는 성 모니카. 나는 오늘도 그녀가 보내주는 응원 속에서 무지개 빛깔로 떠 있다.

내 나이 이순이 훌쩍 넘었지만, K 선생이 그랬듯이 내가 필요한 곳이 있다면 찾아가려 한다. 아무리 힘든 일이 있어도 누군가에게 희망의 통로가 되어 주고 싶다.

오늘도 그녀가 보내오는 무지갯빛은 뫼비우스의 띠가 되어, 벗어날 수 없는 굴레로 나도 다른 이에게 삭朔으로 살아가게 하고 있다.

모란꽃

계절의 여왕 5월이다. 산과 들은 유록빛으로 산란하고 아름다운 꽃들의 향연이 펼쳐진다. 요즘, 아침마다 사무실 화단 앞에 활짝 핀 모란꽃 몇 그루가 마음을 사로잡는다.

며칠 전부터 모란 꽃봉오리에서 5월의 시그널이 들려오더니 오늘 아침 마침내 꽃망울이 벙긋했다. 첫날에는 비밀스러운 임을 만나듯 수줍게 피더니 다음날에는 발그레한 얼굴로 수줍게 맞이했다. 이삼일이 지나자 10여 년 넘은 나무에서 탐스런 봉우리가 활짝 벙글었다. 연분홍으로 스며드는 황홀한 모란꽃을 보고 있노라니 괜스레 기분이 좋아진다.

천의 얼굴을 가진 이 꽃은 시골의 순박함과 고전의 아름다움이 있는가 하면 도시적 화려함이 함께 공존한다. 외출하는 엄마의 한복 치맛자락 같은 모란 꽃잎에서 공덕을 느낀다. 꽃잎을 만져보면 마치 어미가 태반 안에서 태아를 고이 감싸고 있는 숭고함과 같은 감촉이다. 태胎와 같은 이 꽃을 보고 있노라면 스스로 몸이 이끌림을 받는다.

강렬함으로 마음을 끌어당기는 꽃송이는 흩뿌리는 비바람에도 수문장처럼 끄덕이지 않는다. 빗속에서도 굽히지 않고 꽃송이를 지켜내는 꼿꼿함을 보며 쉼 없이 부딪히는 인생 수행의 길에서 만나는 고단함을 위로받는다. 하얀, 빨강, 분홍, 보라색은 인생의 희로애락 색깔로 다가온다.

꽃에서 뿜어내는 기운은 빛과 어둠을 흡수하는 초연함과 평온함으로 마음을 안정시킨다.

순수한 꽃 모란은 다른 종과 교잡하지 않아 온유하다. 온유하지만 강렬하고 선명함은 오히려 애절한 느낌이 있다. 내 손바닥만큼이나 큰 꽃은 어머니의 마음, 어린이의 마음, 부처의 마음, 스승의 마음을 모두 담아 5월에 피어 나날이 밝은 마음으로 새 희망을 품게 한다.

마음을 채우고 싶은 날에 모란 앞에 서면 꽃이 탐스러워 온통 내 것 같으니 외려 욕심이 사라진다. 마음을 떠나보내고 싶은 날에도 모란 앞에 서면 잔잔한 리듬이 들려오며 마음의 상념과 복잡함이 사라진다.

모란의 향기는 은은하다. 모란 향기는 꿀벌들이 좋아하는 향기가 없을 뿐, 장미 향과 비슷한 향기가 분명히 있는데 없다고 하는 까닭은 꽃에 눈이 먼 환취幻聚 현상 때문일 것이다. 은은한 향기는 모든 번뇌를 지우고 온화한 마음을 갖게 한다.

모란은 그리움의 정서가 스며있다.

그리움을 함빡 머금고 견디다가 못해 터트리는 활화산은 진화하기가 어렵다. 활짝 핀 모습에서 그 뜨거움은 쉬 꺼지지 않는다. 열렬한 사랑은 꿀벌이 되고 나비가 되어 꽃술을 타고 오작교를 넘나든다.

모란꽃에는 전설이 있다.

전쟁터에 나간 왕자가 죽어 모란꽃이 되자 승리를 기원하며 기도하던 공주도 숨이 끊어지니 이에 감동한 신들은 공주를 모란꽃 옆에서 탐스러운 작약으로 피어나게 했다. 5월 중에 모란이 피고 나면 으레 작약이 뒤따라 피게 되며, 모란은 은은한 향을, 작약은 공주의 향을 닮아서 진하게 내 뿜는다는 전설은 허구일지언정 실체라고 믿고 싶어진다.

서양의 꽃이 장미라면 그에 대적할 동양의 꽃은 모란이다. 동양의 나르시스의 현신은 곧 모란이다. 옛적부터 모란은 시를 쓰고 그림을 그리는 대상물로 고려청자 상감이나 전통 혼례복이나 신방 병풍에도 빠지지 않았으니 꽃 중의 꽃이 분명하다.

진홍색으로 연분홍색으로 순백색으로 부귀영화의 다채로움을 발산하는 이 꽃은 꽃으로 한 번 피고 마음에서 두 번 피고 글로써 세 번 핀다.

이 시간이 가고 나면 일 년을 기다려야 만나게 될 그리움을 품에 안으며 나 또한 5월의 어느 변방에서 모란꽃으로 피어나고 싶다.

내가 만난 세상

뉘엿뉘엿, 해가 서쪽으로 기울어질 무렵이면 미호천을 향하여 핸들을 돌린다. 매일 출퇴근길에 만나는 길이지만 하늘빛은 언제나 다르다. 오늘은 뭉게구름이 하늘을 뒤덮고 있어 카메라 화각 맞추기에 그만이다.

이른 봄 천변은 목가적이다. 수십 리 하천을 따라 형성된 논과 비닐하우스 안에서 먹음직스러운 딸기가 주렁주렁 열리고, 가지마다 방울토마토가 탱글탱글 익어가고 있다. 천변 길로 이어지는 이 길은 인도가 따로 없어 걷기에 불편하지만 군데군데 쉼터가 있어 가끔 차를 세우고 흘러가는 강물을 바라보며 망중한에 빠지기도 한다. 서두름 없이 흘러가는 들녘 풍경이 더할 나위 없이 평화롭기만 하다. 허허로운 천변은 버드나무와 여러해살이풀과 갈대가 군락을 이뤄 거대한 습지로 형성되어 있다. 가을에 한껏 매력을 뽐내던 갈대는 이제 봄바람을 맞으며 다시 생기를 입는다.

문암생태공원 근처와 미호천 합수머리 부근으로 시야를 넓히면 손에 잡힐 듯이 백로와 왜가리, 청둥오리를 볼 수 있다. 철새가 찾아드는 계절이 오면 천변에는 작은 혁명이 일어난다. 눈에 다 보이지는 않지만 수많은 야생조류가 둥지를 틀고 무리생활을 하고 있다. 서로 다른 종이 자연스럽게 활동하며 상생하는 모습을 보면 자연을 통해 배울 점이 많다는 생각에 이른다.

천변 풍경에 빼놓을 수 없는 것 중 하나는 오목하게 팬 왕버드나무 몸통 안에서 실 버드나무가 뿌리를 박고 기생하고 있는 모습이다. 혹처럼 거추장스러울 법도 하건만 왕버드나무는 품에 안고서도 강물을 맑게 하고 물고기와 새와 풀을 살리고 있다.

어머니는 혼자 되어 사는 넷째 이모를 거둔 적이 있다. 넷째 이모는 결혼 2년 만에 혼자 되었다. 이후 바람처럼 매인 곳 없이 당신 마음이 이끄는 대로 흘러 다녔던 이모는 친척 집을 드나들며 삶을 돌렸다. 방 한 칸을 차지했던 나는 이모와 방을 같이 써야만 했다. 학창 시절, 학업에 전념해야 할 밤이면 이모가 은근히 신경이 쓰였고, 있는 듯 없는 듯하면 좋으련만 그녀의 편리한 성격은 쓸데없는 잔소리에 잠자리마저 편치 않았다. 나는 그런 이모가 마뜩잖아 까탈을 부리기 시작했다. 그럴 때마다 어머니는 "사람은 짐이 될 때가 있는가 하면 힘이 될 때가 있는 법이다."라며 달래셨다. 당신만의 세계에 닫혀버린 이모는 날이 갈수록 어머니에게 물기 먹은 솜을 등에 지웠다. 어머니의 왕버드나무 안에 자리한 이모는 뿌리를 내리기까지 어머니는 이모에게 자릴 내주느라 둥치를 점점 불려야만 했다.

둑길에는 다리쉼을 할 수 있는 돌머리가 군데군데 놓여있다.

가끔 그루터기와 같은 돌머리에 앉아 오래된 이별을 꺼내어 보고 기약 없는 안부를 묻는다. 말 없는 질문은 대답도 말없이 들려준다. 이럴 때마다 사는 게 다 그런 거라며 왕버드나무가 나를 다독거린다.

푸근함과 정겨움을 폴폴 내뿜는 천변길에서 멋진 노을을 만났다. 붉은 해가 수만 리 구중 천하에 빨간 알사탕처럼 동동 떠 있다. 입에 넣고 굴리고 싶을 정도로 아름답고 매혹적이다. 사탕처럼 작게 보이지만 해는 세상을 품고 세상을 밝힌다. 이렇게 노을이 지는 날에는 작은 바람에도 마음의 물결이 인다. 그 아름다운 빛깔은 내게로 옮겨와서 내게 좋은 생각과 마음을 갖게 하여 주변에 좋은 빛을 전달하게 한다.

노을과 짧은 만남이 지나고 해가 순식간에 서녘 하늘로 자취를 감추면 천변은 만고풍상을 겪었어도 고졸한 풍경으로 죽은 듯 살아있다.

천체 사진 작가가 말했다. '우주에서 보면 인간은 먼지와 같이 작은 존재라고'.

세상의 중심인 줄 알고 착각했던 인간은 결국 세상을 스쳐 지나가는 이방인일 뿐이다. 거대한 우주 속 먼지 같은 나를 이해하고 싶다면 나의 바깥을 보아야만 한다. 나는 어떤 사람으로 불리고 있는지, 나의 말과 행동이 얼마나 많은 사람에게 영향력을 미치고 있는지를 생각해 본다.

과거의 나는 각자도생이라 생각했다. 계획에 의해 열심히 하면 원하는 삶을 살 것이라 믿으며 주변을 보려고 하지 않았다. 늘 의무와 책임에 치여가며 그 모든 역할을 잘해 나가려고 애썼다. 가는 곳도 모르면서 그저 현실로 달려갔다. 나 스스로가 그렇게 강요했다. 그렇게 살다 보니 가면 갈수록 나는 그냥 혼자가 되어 살아가고 있었다.

나의 바깥은 자만에 빠진 내 모습만 있었다.

'받는 것은 부채이고 주는 것은 기쁨'이라는 진리 앞에 나는 아직도 버리지 못하고 있는 속물적인 반쪽 세상이 부끄러워진다. 앞으로 내가 만나는 세상은 화려한 꽃 한 송이 없어도 좋다. 푸르지 않아도 좋다.

남은 세상은 비우고, 덜어내고, 벗어나는 삶으로 전환하리라, 텅 빈 가슴에 따뜻함을 채우고 저 천변의 왕버드나무처럼 다른 이들을 위한 삶이었으면 한다.

빨간 기와집

부모산 아래로 마을이 옹기종기 모여 있는 가운데 서쪽 낮은 구릉을 베고 '고락골'이 있다. 마을이 삼태기 모양을 하고 있어 추운 겨울에도 찬 바람이 비껴가고 큰 홍수나 재해도 없는 아담한 마을이다. 이곳이 내 고향이다.

동리에서 맨 꼭대기에 자리한 빨간 기와집은 70여 년 동안 흔들림 없이 우뚝 자리 잡고 있다. 붉은 기와로 지붕을 올린 저택을 보는 사람들은 집안의 기품이 느껴진다고 했다. 반세기를 넘었어도 빨간 기와집은 모진 세월을 견디고도 그 위풍이 당당하다. 다만 일꾼들이 기거했던 별채만은 닳고 닳아 무너지고 사그라져 당장 보수를 하지 않으면 다가올 여름 장마에 곧 무너질 듯 위태롭게 보였다.

지금껏 둘째 오빠가 고향을 지키며 이 고택 일부를 현대식으로 개조하여 살았어도 불편하긴 마찬가지였다. 시골에 정착하지 못한 작은 오빠 내외가 얼마 전 전답을 정리하여 도시로 떠난 빈집은 그 적막함과 쓸쓸함이 더해왔다.

나는 다섯 딸 중 유난히 고향에 대한 애착이 남달랐다. 학교를 졸업하고 도시에 있는 기업에 입사했다. 그러나 천변만화하는 도시의 변화는 밤마다 향수병을 불러일으켰다. 결국, 고향을 떠난 지 6개월 만에 다시 짐을 싸 들고 고향으로 내려왔을 때 비로소 잃어버린 시간을 되찾을 수 있었다.

그 성성했던 옛 모습은 온데간데없고 지금은 바람만이 주인이 되어 집을 드나들고 있었다. 같은 바람인데도 주인이 없는 집은 허허롭기 그지없다. 봉숭아 채송화가 지천으로 피어나던 마당 가에는 잡초가 무성하고, 참외, 수박, 오이가 주렁주렁 매달렸던 남새밭은 개망초로 산을 이루었다.

아버지의 삶마저 무색해진 집, 부자의 상징이었던 저택과 쌀 100석이 들어갔던 창고도 텅텅 비운 채 먼지만 가득 차 있다. 안팎 마당을 비질하려면 한 시간은 족히 걸려야 끝낼 수 있던 마당에는 오래된 살구나무만이 빈 마당을 지키고 서 있다.

첫닭이 울면 열리던 큰 대문은 긴 세월의 연고에 틀어지고 얇아져 문틀의 나이테는 양각으로 패이고 솟아올랐다. 문을 열자 '삐그덕' 앓는 소리를 냈다. 그래도 집안의 위풍을 아직은 품고 있었다. 큰 대문을 돌아서 사랑채로 들어가는 쪽 대문은 언제부터인지

철 대문으로 바뀌었다. 이도 저도 아닌 모습으로 균형을 잃어가고 있는 한옥은 이제 제 생명을 다한 것만 같다. 어린 시절 놀이터였던 뒤꼍을 가보니 장독대에는 아직도 크고 작은 독이 자리를 지키고 있었다. 그 옛날 사이좋은 오누이처럼 옹기종기 모여 항아리의 자태를 뽐내던 장독은 품 안에 있던 자식들을 모두 떠나보낸 어머니처럼 쓸쓸해 보였다. 장독에 손을 대니 오십여 년 전의 따뜻한 온기가 전해왔다.

감나무 아래 무쇠솥이 걸려있던 화덕이 아직도 자리를 보존하고 있다. 농주를 짓기 위해 밥을 안치고 겨울이면 호박엿을 고고, 봄이면 메주를 쑤었던 무쇠솥은 어머니의 정갈한 음식의 상징이었다. 칠 남매 배앓이는 조청으로 다스리고 딸들의 차디찬 몸은 구절초 엿으로 몸에 훈기를 넣어주셨다. 시어머니 간식으로 떡과 식혜를 만드셨던 고단함의 일상이 된 가마솥이다. 틈만 나면 들기름 헝겊으로 문질러 윤을 내셨던 무쇠솥은 그리움을 불러냈다.

안동 김씨의 둘째 며느리인 어머니는 솥만 윤기 낸 게 아니었다. 곧은 아버지의 신념 아래 집안의 가문과 명예를 지키기 위해 평생 모든 걸 감싸 안으며 윤기를 내셨다. 성미 급한 시어머니의 애꿎은 시집살이로 끌탕하여 숯검정이 된 적이 많으셨으리라.

봄철이 시작되면 집안은 일꾼들로 늘 북적거렸다. 아버지는 아침에 일어나면 부모산을 바라보며 하루 날씨를 가름하며 그날의 일정을 계획하셨다. 산머리에 구름이 보이면 비가 오고, 안개가 끼면 무더운 하루를 예견하여 일꾼들을 다스리셨다.

하루하루 끼니를 걱정해야 하는 가난했던 시절, 동리 사람들에게 품삯 대신 쌀을 넉넉하게 지급하시던 아버지의 모습이 선연하다.

어릴 적 나의 셈법은 아버지의 잡기장을 기록하면서부터 배웠다. 까맣고 투박한 덮개의 잡기장, 그것은 동리 사람들의 성함을 일일이 적고 품 일을 도운 날짜나 돈을 빌려주거나 쌀을 빌려주었던 치부장을 보는 것이 흥미로웠다. 4학년이 되고부터 일꾼들이 돌아간 후 아버지가 불러주는 것을 기록하며 셈을 빨리 배울 수 있었다.

아버지의 후광으로 사방 이십여 리 안에서는 어디를 가나 '빨간 기와집 딸내미'로 대접해 주는 사람들 앞에서 더욱 조심스러웠다. 집안의 근본을 잃지 않기 위해 형제들은 어딜 가든지 모범이 되어야만 했다.

자식에게는 늘 채찍질과 엄한 훈육으로 대해주셨지만, 과객에게는 후하게 대접하고 흉년에는 빌려 간 쌀을 감해주셨던 아버지, 경주 최 부자의 노블레스 오블리주의 정신에는 못 미치지만, 형편이 넉넉하지 못한 동리 사람들에게 조금씩이라도 환원하려는 아버지의 얼이 숨 쉬고 있는 곳이다.

아직도 안방 문틀 위 액자 속에는 젊음은 없고 처음부터 아버지 어머니였을 것 같은 부모님의 사진이 의연한 모습으로 걸려있다. 색바랜 흑백사진에는 아버지의 옷 주름과 손등의 잔주름까지도 다가와 주저앉게 했다.

내가 그래도 지금껏 주변 사람들에게 편한 사람으로 다가갈 수 있는 것도 아버지가 남긴 삶의 방법과 생활방식을 간직하며 살아 왔기 때문이 아닐까 싶다.

이제 다시 큰 오라버니가 지켜나갈 빨간 기와집은 안동 김씨의 발자취를 뒤로하고 새 주택으로 탈바꿈할 준비를 하고 있다.

마을을 대표했던 한옥이자 마을의 상징이었던 '빨간 기와집'도 곧 사라질 운명에 놓여있다. 여기저기 옛집의 기억을 잃어버리지 않기 위해 주택의 전경을 촬영했다.

마당을 서성이는 내게 마을 어르신이 다가와 '빨간 기와집 딸'이 왔느냐며 반겨주신다.

고향의 집은 언제나 내가 어떻게 세상을 살아야 하는지를 말해주고 있다.

우화羽化

벚꽃이 번져 지난봄을 다시 물어온다. 꽃잎은 부풀고 부풀어 하늘을 가리고 꽃구름 되어 온 땅을 덮는다. 지난겨울, 혹한과 풍파에 쓸리고 깎여도 꽃눈을 감춘 채 온몸이 검게 타도록 새봄을 기다리며 자신을 다독이고 품었을 벚나무가 눈부신 기운을 쏘아 올리며 분홍색 풍선을 띄웠다.

카프만 부인은 책상 위에 곧 나비가 될 고치를 관찰하고 있었다. 너무도 작은 구멍을 통해 나오려고 애쓰는 모습을 보면서 불가능하겠다고 생각했다. 그런데 한 마리, 두 마리 그토록 작은 구멍을 통해 결국 빠져나와 공중으로 훨훨 날아올랐다. 때마침 또 나오려고 애쓰는 나비가 애처로워 가위로 구멍을 넓게 잘라주었다. 열어준 구멍으로 나비가 쉽게 나왔으나 공중으로 솟아오르지 못하고 몇 번 시도하다가 결국 땅바닥에서만, 빙빙 돌더니 죽어버렸다.

그는 깨달았다. 작은 구멍에서 고통받으며 힘쓰면서 나와야 어깨에 있던 영양분이 날개 끝까지 공급되어 날아갈 수 있었다는 것을, 이 내용은 카프만 부인의 "광야의 샘" 내용이다.

아들은 고등학교 때부터 80년대를 풍미한 록 밴드 '본 조비'의 음악에 빠져 있었다. 보컬인 '본 조비'는 록앤롤의 왕으로 미남형에다가 인이 꽉 박힌 그만의 특유한 허스키한 목소리가 매력이다. 그의 노래 'It's My Life' 음악은 인트로에 강한 록 사운드로 듣는 순간 온몸에 전율이 인다.

아들을 따라서 그의 음악을 자주 듣다 보니 나 역시 '본 조비'의 팬이 되어 버렸다. 하물며 감수성이 예민한 아들은 그를 우상이자 음악의 롤 모델를 삼으며 그에게 심취해 있다. 그때부터였다. 멀고 먼 서울을 오가며 음악의 기량을 키우기 시작했다. 대학에서 밴드동아리 공연을 하며 음악의 끈을 이어가더니 졸업이 다가오자 취업을 하지 않고 밴드 활동을 한다고 했다. 그 말에 가슴이 덜컥 내려앉았다. 그 길이 얼마나 멀고 험한 길인가를 알기 때문이다. 이제 시작하여 자신에게 맞는 음악 스타일과 톤을 발견하기까지는 대단한 노력과 시간이 필요할 뿐 아니라 빛을 보기까지 어떻게 견디어 낼 수 있을는지 걱정이 앞섰다. 가시밭길을 자초하는 아들을 끝내 말리지 못했다.

아들은 "BRT"라는 록 밴드를 결성하여 곧 있을 두 번째 공연 준비로 서울을 오르내리며 빠른 한 달을 보내고 있다.

두 달 전 합정역 부근 공연장에서 멤버들과 첫 공연을 했다. 초대장을 받고 공연장에 들어섰다. 아들의 생경한 모습을 바라보며 처음으로 감동이 밀려왔다. 첫 무대에서 아들이 작곡한 음악을 시작으로 거침없이 진행되었다. 조명에 비치는 아들의 얼굴은 부담감으로 많이 긴장한 모습이었다. 이미 무대 경험이 많았던 고정 세션 멤버는 노래와 춤으로 자유롭게 기량을 발휘하였다. 평소 록 음악은 대부분 하드코어로 매우 시끄럽고 귀에 거슬릴 줄 알았는데 공연은 어쿠스틱 소프트한 록 음악으로 감미로운 부분도 많았다. 일렉 기타를 메고 서 있는 모습은 이미 스타로 보였다.

집에서는 철없는 미운 오리 새끼로 살아갈 줄 알았는데 제 몫을 훌륭하게 연주하는 모습을 보니 다소 안심이 되었다.

열기로 가득한 공연장은 흥분의 도가니로 변했다. 관람객들은 "BRT"를 외치며 격려와 성원을 아끼지 않았다. 멤버들 모두는 지금, 이 순간에 온몸을 덮고 있던 허물을 벗고 세상 밖으로 나오려는 나비 같아 보였다. 그 모습은 절실하면서도 열정이 넘쳐흘렀다.

이제부터 망망대해로 떠나는 한 척의 돛단배지만 거센 풍랑이 몰아쳐도 좌초되지 않고 무사히 자신의 항구에 도착해야만 한다. 그 길이 얼마나 험하고 아플지를 잘 알면서도 아들의 첫 날갯짓이 온몸으로 공급되어 끝내 훨훨 날아가길 빈다. "음악 할 때가 가장 행복해요. 엄마!" 이 한마디가 이 모든 것을 이겨내리라 믿는다.

집에는 몇 그루의 동양란이 있다. 첫해에는 꽃이 피어 은은한 향이 집안에 가득 찼다, 그 향을 그리워하며 분갈이하고 일조량을 맞추고 거름을 충분히 주었음에도 이듬해부터는 꽃이 피지 않았다. 원인은 저온순화 과정을 보내지 않은 탓이었다. 애지중지하며 겨우내 따뜻한 거실에 두고 정성을 들였던 게 잘못이다. 식물도 혹한을 견뎌내야 향기로운 꽃을 피울 수 있다는 것을 알았다.

애벌레는 몇 번의 변태變態를 거쳐 나비가 된다. 단 한 번의 날갯짓을 위해 수천 번의 눈물이 온몸에 새겨지고도 안간힘으로 몸을 비틀어 몸 밖으로 나가야만 한다. 우화는 이처럼 몸속에서 살던 것을 버리고 새롭게 몸 밖으로 빠져나오는 것이다. 나를 버리고 진정한 혼이 깃들어야만 우화羽化하는 것이다.

이 봄, 음악의 길로 들어선 아들에게 어떠한 위기가 찾아와도 역경의 구멍을 스스로 통과하여 준비된 세상으로 날아갈 것을 염원한다.

봄은 향기를 타고

겨울이 오는 소리는 코끼리가 어둡고 추운 짐을 싣고 오느라 쿵쿵거린다면, 봄이 오는 소리는 백조처럼 사뿐사뿐 우아한 걸음으로 다가온다. 마치 클라리넷 선율처럼 가볍고 맑다.

계절이 등장할 때마다 느껴지는 소리는 나이가 들수록 선명하게 구별된다. 연일 미세먼지로 비상이 걸리지만, 봄은 분명 오고 있다. 봄이 오는 소리를 들으며 내 삶을 생각해 본다. 지금, 미디어를 통해 들려오는 은빛 테너 호세 카레라스의 '사랑의 찬가'에 봄 향기가 타고 흐른다.

세계 3대 성악가를 들라면 플라시도 도밍고, 루치아노 파바로티, 그리고 호세 카레라스를 꼽을 수 있다. 이 가운데 스페인 마드리드 출신의 도밍고와 바로셀로나 출신 호세 카레라스는 스페인의 정치적 상황으로 서로 적대감을 가지고 있었다. 지역감정이 그들을 라이벌로 만들었다. 그러던 중 호세 카레라스는 가장 전성기인 그의 나이 41세 때 급성 백혈병 진단을 받는다. 고가의 치료비로 전 재산을 다 써버려도 호전되지 않고 죽을 운명에 처한다. 그는 절망 속에서 기도했다. "만약, 다시 노래할 기회를 주신다면 저를 위해 노래하지 않고 주님을 위해 노래하겠습니다." 절실한 기도로 그는 백기 선언을 했다.

그 무렵, 스페인 마드리드에 위치한 에드모샤에서 무료로 백혈병을 치료해 준다는 소식이 들려왔다. 카레라스는 그곳에서 무료로 치료를 받고 차츰 건강이 회복되어 마침내 완치 판정을 받았다. 그 후 수입이 생기자 에드모샤 재단을 찾아가 후원을 약속하고 설립자를 알게 되었다. 놀랍게도 설립자는 '플라시도 도밍고'였다. 재단의 설립 시기를 보니 자신이 모든 것을 잃고 절망의 늪에 빠진 시기와 일치했다, 사실 둘은 라이벌이었지만, 도밍고는 그를 돕고 싶은 마음이 컸다. 호세 카레라스의 자존심이 거절할 것을 알고 익명으로 백혈병 재단을 설립했던 것이었다. 그 후 두 사람은 뜨거운 눈물로 용서와 우정을 나누었고 쓰리 테너를 결성하여 월드 공연을 하기에 이르렀다.

"나는 백혈병과 싸움을 통하여 나보다 남을 아는 사람이 되었습니다. 이제 나는 단순히 노래만 하는 사람이 아니라 절망에 빠진 사람들에게 희망을 주는 인생을 살기를 원합니다." 카레라스의 고백이다.

자신과의 약속으로 호세 카레라스는 바로셀로나에 국제 백혈병 재단을 설립하여 후원하고 있다. 그의 따뜻한 인간애는 누구나 엄지손가락을 치켜들게 했다.

우리나라 '환경재단'은 2005년부터 현재까지 531팀을 시상했다. 2022 세상을 밝게 만든 사람을 보면 장사익, 승효상, 안병덕 코오롱그룹 부회장, 손흥민, 박상욱 JTBC 기자, 임희자 등이 수상의 영예를 안았다. 이분들이야말로 기부 천사라 말하고 싶다. 이들은 우리 사회 곳곳에서 나눔과 헌신하며 도전과 열정을 보여주고, 웃음과 감동을 통해 어둡고 그늘진 곳을 따뜻하게 밝혀 주는 천사 중 천사이다.

가진 것과 시간을 나누고, 마음과 재능을 나누며 사는 사람이야말로 진정한 봄의 향기를 지녔다 할 수 있지 않겠는가!

원추리꽃

계절마다 수많은 꽃이 피고 지지만 꽃 이름이 생소하니 꽃이 지닌 아름다움과 빛남을 제대로 감상하지 못할 때가 많다. 들꽃도 그러하지만, 외국 꽃은 이름조차 외우기조차 쉽지 않아 그저 '예쁜 꽃'으로 이름을 동일시 한다.

가끔 넋을 놓고 들여다보는 PC 블로그에 올라오는 꽃들이 마음을 사로잡는다. 잔잔한 배경음악과 함께 이 꽃들을 감상하고 있노라면 복잡했던 기분이 안정되고 마음이 환해져 온다. 오늘따라 샛노란 원추리꽃 사진에 마음을 흠뻑 빼앗겼다.

원추리 꽃은 유년의 애상愛想을 들추어냈다. 뒤꼍에 원추리가 피어나기 시작하면 완연한 여름이다. 원추리만큼 나의 곁에 자리 잡은 꽃은 그리 흔하지 않다. 어릴 적 언제나 워추리가 피기를 기다렸다. 초여름 6월부터 애기원추리가 피어나면 뒤따라 주홍빛 왕원추리와 노랑원추리가 풀숲에서 기다린 듯 피어났다. 원추리가 피면 꿈을 꾸듯 뒤꼍으로 달려갔다. 드넓은 뒤꼍은 오래 묵은 푸른 공간이었다. 초록색 잡풀이 무성한 가운데 샛노랗게 피어나는 원추리꽃은 나를 가장 설레게 했다. 먼동이 트고 운해가 걷히고 나면 원추리는 그 고운 자태를 햇살에 드러냈다. 바람이 원추리를 흔들어 깨우면 비탈에 옹기종기 모여 노랗게 일렁였다. 눈부시게 화려한 것도 진한 향기를 내지 않았지만, 무엇보다도 노랑 빛깔은 위안과 포근함을 준다. 원추리는 가장 가까운 곳에서 나를 위로하였다. 장마가 시작되면 소낙비를 맞고 숨을 죽이는 원추리를 볼 때마다 어린 내 가슴은 애가 탔다.

옛 시인들은 원추리를 노래하면서 망우亡憂, 즉 '근심을 잊는다' 했다.

당나라 황제 현종은 양귀비와 함께 정원에서 모란꽃을 즐기다가 '원추리를 보고 있으면 근심을 잊게 되고 모란꽃을 보고 있으면 술이 잘 깬다.' 라고 했다. 우리나라에서도 신숙주는 '가지 달린 수많은 잎처럼 일이 많지만, 원추리로 인하여 모든 것을 잊었으니, 시름이 없노라.'라고 했다.

조선 시대 원추리는 깊숙한 사대부 내당 뜰에 많이 심었다 한다. 그 이유는 잡귀를 막아준다는 설과 원추리가 돌돌 말리는 꽃잎이 부부의 금실을 상징한다는 설 때문에 그렇다 한다.

원추리는 한여름 뜨거운 햇볕 속에서 노랑 꽃송이를 피워낸다.

아침부터 오전 내내 꽃봉오리를 부풀리다가 늦은 오후에 봉우리를 터뜨린다. 원추리는 피어있는 시간이 단 하루밖에 되지 않는다. 그래서 이름을 'Day Lily'라고 부른다. 그래도 꽃대와 꽃봉오리가 계속 만들어지니 포기로 보면 한 달 정도 꽃을 볼 수 있다. 원추리는 수줍음이 많은 꽃이기도 하다.

고운 자태와 빛깔, 무욕 무념의 노랑원추리, 내가 저런 색채로 채색되려면 얼마를 버려야 진정 내가 될 수 있을까, 저 정직한 꽃잎처럼 꽃을 따라잡고 싶어진다. 늘 마음에 꽃의 형상을 그리며 살아가고 있는 것은 힘겨운 일상에 잠시나마 향기 그윽한 꽃으로 피어나길 바라고 있기 때문이다.

우리는 서로가 꽃이고 사랑이고 그리움이다.

살아오면서 누군가에게 내가 느끼는 그 사람만의 독특한 색깔, 향기로운 향기를 느낀 적이 있다. 나도 모르게 자꾸만 끌리는 사람이 있다면 그 사람은 분명 명화名華로 살아가고 있음일 것이다. 나는 어떤 꽃으로 살아가고 있을까, 무슨 향으로 살아가고 있을까 궁금해진다. 요즘은 대부분 사람이 벼랑 위 단단한 바위틈에 터를 잡고 살아가야만 하는 위기에 처해 있지만 당당하게 일어설 수 있는 것은 자신을 믿어주는 누군가가 있으리라는 희망이 있기 때문이다. 서로가 바라보면 근심이 사라지고 사랑이 피어나고 서로에게 그리움의 향기를 남기는 사람으로 살아가다 보면 아름다운 열매를 맺지 않을까 한다.

이슬을 머금은 이 꽃으로 휴대전화 배경화면을 바꿔 놓았다.

요즈음, 그날그날 일어나는 근심을 이 배경화면에 있는 원추리꽃을 바라보며 털어 버린다.

반딧불이

붉은 해가 서산으로 넘어가자 풀숲은 이내 어둠에 잠긴다.

반딧불이는 소리가 아닌 빛으로 생을 밝힌다. 수컷은 암컷을 발견하면 더욱 강한 빛을 내며 접근하고 암컷도 호응하면서 빛이 강해진다. 그렇게 보름 동안 열정적인 사랑을 불살라버리고 나면 풀숲 어딘가에 쓰러져 생을 마감한다.

어릴 적, 저수지 습지에 반딧불이가 노란 파란 주황색으로 떼지어 허공을 수놓았다. 어둑해질 무렵이면 동네 아이들과 삶은 햇감자를 먹고 저수지 둑길 섶에 발광하는 반딧불이를 찾아다니며 여름밤을 즐겼다. 별빛이 내려앉은 저수지는 반딧불이와 어울려 환상적이었다.

사내아이들이 반딧불이의 꽁지를 떼어내어 이마에 문지르며 여자아이들에게 달려들었다. 어둠 속에 이마에서 반짝거리는 불빛은 마치 도깨비 불빛 같아 여자아이들은 소리치며 저만치 달아났다. 집으로 돌아오는 길은 칠흑 같았다. 사내아이들이 앞장서면 여자아이들이 뒤따랐다. 으스스한 저수지에서 무엇인가가 나타나 머리채를 잡아당길 것 같아 집으로 오는 내내 A의 젖은 옷자락을 꽉 잡았다. 그가 그리 미더울 수가 없었다. 사춘기가 지나고 고등학생이 될 때까지 A와 같이 통학했다. 서서히 이성을 알게 될 무렵 우리는 보이지 않은 간극으로 가끔 마주칠 때마다 무언의 인사만 오갔다. 그는 경기도에 있는 대학을 다니며 배구 선수로 활약했다.

A의 부음은 착각처럼 들려왔다. 분명 잘못 들은 거야, 그의 부모님 부음일 거야. 믿을 수 없었다. 전화기를 통해 들려오는 친구의 가라앉은 목소리에 순간 온몸이 얼어붙었다.

몇 해 전 도시로 간 친구들과 A가 교통사고로 입원했다는 병원으로 갔다. 온몸에 붕대를 감고 깁스한 두 다리는 심한 골절을 의미했다. 우리 보고 웃는 억지웃음 속에서 그는 이미 많은 것을 체념한 듯했다. 그 후로 1년 넘도록 재활 치료에 전념했지만 지독한 후유증은 그를 따라다니며 괴롭혔다. 그가 극단적 선택에 앞서 친구를 찾아와 괴로운 심정을 토로했지만 아무도 그 낌새를 알아채지 못하였다.

한여름 그를 태운 영구차가 저수지를 끼고 선산으로 향했다.

어린 시절 애틋했던 추억을 되찾은 듯 저수지는 친근하게 다가

왔다. 언제나 넉넉한 품에서 사람 냄새 짙게 풍겼던 그가 큰 빛을 보지 못하였으나 선수 생활을 접고, 시골에 내려와 물려받은 재산을 지키며 지냈다. 농촌의 파수꾼으로서 사라져 가는 고향의 역사와 문화를 지키며 향토 사역으로 자리매김했던 그에게 뜻밖의 사고는 그의 물오른 삶을 처절하게 무너뜨렸다. 그날, 허망하게 떠난 남편을 지키며 문상객을 맞던 그의 아내를 지금도 지울 수가 없다.

얼마 만에 와보는 곳인가. 여름밤, 저수지는 아무런 꾸밈없이 차곡차곡 추억을 쌓아 놓고 있었다. 한순간 짧은 빛남은 A나, 반딧불이나 별반 다를 바 없다. 보름만 살다 갈 반딧불이가 저토록 발광하는 것이 못다 한 생에 대해 아쉬움이라면, A가 자주 흥얼거렸던 "아직도 못다 한 사랑"은 자기의 죽음을 예고한 것이었을까. 한 번쯤 찾아와 힘들다고, 괴롭다고 위로해달라고 애원할 수도 있었건만 남자라는 이유로 참아 내야 한 것이었을까.

저녁 무렵 물새가 고기를 잡아먹느라 여념이 없다. 내가 다가가니 몇 발짝 날아가 앉는다. 또 한 걸음 다가서니 저만치 물러나 앉는다. 내가 자꾸 다가간 것은 놀라게 할 마음이 아니고 가까이 보고 싶었을 뿐이다. A가 외롭게 고통당할 때 내가 먼저 찾아가 가까이 가 주었더라면 길 찾아가는 데 도움이 되지는 않았을까, 배를

다 채웠는지 물새가 멀리 날아간다. 저수지는 점점 어둠이 찾아왔다. 노란색, 주황색, 파란색, 남색으로 어둠을 숨죽였던 반딧불이가 빛을 잃고 생을 마감한다.

오월 애愛 서다

인스타그램에 올라온 진달래 사진이 강하게 유혹했다. 봄비 소식에 진달래가 떨어졌을까 조마조마했다. 주말 아침, 이미 마음은 대구 비슬산으로 내달렸다.

비슬산 30만 평의 붉디붉은 참꽃 향연을 기대하며 도착한 산기슭은 이미 많은 사람의 박수를 받으며 떠난 뒤였다. 참꽃은 "늦게 왔다."며 핀잔을 주는 것만 같았다. 천상화원을 놓친 것이 못내 아쉬웠다. 그러나 주변의 산 벚나무와 잔털벚나무, 단풍나무가 일제히 유록빛 기운을 선물했다. 산의 주인공은 나무도 바위도 아닌 신록이었다. 무엇보다도 사찰 입구에는 일주문을 지나 법당 뒤뜰까지 거대한 고깔모자를 업어놓은 듯한 108 돌탑이 삼각형 모양으로 숲을 이루었다. 누가 이렇게 많은 탑을 쌓았을까, 우뚝우뚝 솟은 돌탑은 보는 순간 압도할 만큼 수많은 돌탑의 숫자에 절로 탄성을 자아냈다. 하나하나 쌓아 올린 모두 같은 생김새가 어떤 예술가의 작품보다 감동이다.

탑을 그저 쌓기만 해 놓은 것이 아니다. 탑 속에는 부처님의 진신사리가 모셔져 있고 그의 일생이 있고, 세상 살아가는 법도가 첩첩이 쌓여 있다. 때로는 성황당으로 모셔져 돌멩이 하나하나를 정성스럽게 쌓으며 소원을 빌고, 염원하며 그 어떤 소망도 이룰 수 있을 것이라는 신념의 신과도 같았다. 높은 탑 부근에는 작은 탑들이 무수히 많다. 손끝으로 툭 치면 무너질지언정 돌에 담긴 염원은 같은 마음일 것이다.

나도 소박한 돌탑 하나 세우고 소망을 발원하는 마음으로 짱돌을 집어 탑 위에 얹었다.

유가사 경내에는 부처님 오신 날을 맞이하여 오색연등이 꽃물결을 이루었다. 자신에게는 소원을, 다른 이에게는 기원을, 어떤 이에게는 마음을 담은 연등이 갖가지 사연을 품고 속삭이듯 매달려 있다. 대웅전 법당 안에서는 승려의 예불 소리가 방언처럼 들려왔다. 예불 소리가 예사롭지 않다. 가까이 가서 들여다보니 스님이 불자들의 이름을 한 명 한 명 부르며 기도를 올리는 중이었다. 그 소리는 연등을 타고 탑을 돌아 산사로 퍼져나갔다.

사찰을 지나 비슬산에서 가장 오래된 암자에 서니 엄숙한 마음에 몸가짐을 절로 보듬게 된다. 도성국사가 도를 깨쳤다는 도통바위를 지나 주 능선에 오르니 평원지대가 펼쳐지고 서남쪽으로 유유히 흐르는 낙동강은 흩어진 시야를 한 곳으로 머물게 했다. 집채만 한 바위가 산기슭에 군락을 이루듯 펼쳐진 바위 마당과 계곡 곳곳에 숨은 듯 자리 잡은 기암괴석이 눈길을 끌었다.

'삼국유사' 일연 스님이 머물렀던 정상 부근에 자리한 대견사에 도착했다. 안내문에 따르면, 대견사는 '크게 보고', '크게 느끼고', '크게 깨우친다.'라는 뜻이다. 신라 헌덕왕이 보당암寶幢庵이라는 이름으로 창건했다. 세종 때에 대견사로 바뀌었다고 한다. 해발 1,000m에 이르는 하늘에 맞닿은 절은 하늘의 기운과 땅이 정기를 모두 품은 듯하다.

높은 산에 올라가면 절대로 후회하지 않는다는 말이 진한 감동의 밀물이 되어 온몸을 전율케 했다. 오로지 이맘때만 누릴 수 있는 찰나의 눈부신 빛이다. 오르면 오를수록 문명에서 멀어져 삶은 단순해지고 간결해져 감사한 마음뿐이다.

비슬이라는 산 이름은 정상에서 본 모습이 마치 신선이 거문고를 타는 것과 같아 붙여졌다고 한다. 용이 승천했다는 비슬산 용연사에는 적멸보궁이 모셔져 있다. 적멸보궁은 부처님 몸체에서 나온 불사리를 모신 곳이니 석가모니 진신이 상주해 계신 것과 같다 하여 법당에는 별도로 불상을 봉안하지 않고 불단佛壇만 있었다.

눈 가는 곳마다 부처바위, 참선바위, 소원바위, 형제바위로 각종 형상으로 어우러져 바위 하나에도 깊은 역사가 숨 쉬고 있었다. 벼랑 끝에 우뚝 선 삼층석탑에서 발길을 멈추며 이 산에 산불의 악령이 침범하지 않길 빈다.

참꽃의 향연을 보지 못한 것이 못내 아쉬워 탑돌이를 하며 잠시 마음을 정리해 본다.

지금까지도 허리를 꼿꼿이 세우고, 빈틈없이 조여진 돌덩이처럼, 높은음만을 내던 나 자신이 수준이나 운운하면서 논리가 뭔지도 모르며 선악을 평가하며 잘못된 인생을 살아가고 있는 것은 아닌지 되짚어 본다. 몇 바퀴를 돌았는지 내 안의 소란스러움이 잔잔해져 옴을 느낀다. 복잡한 사유의 시간이 지나고 흙냄새, 바람냄새, 엄마의 냄새가 부드럽게 감싼다.

자연이 항상 자연스러운 것처럼, 운명도 자연스럽게 순응하며 살아야 한다는 것을 깨닫는다. 인생의 거친 돌무더기 속에서 아름다운 돌 하나를 가슴에 품은 오월이다.

인생 최고의 약

요즘 아들은 부동산 정보 사이트에 관심이 많다. 결혼 적령기에 접어둔 아들은 모아둔 현금과 어느 정도 대출을 끼고 아파트를 매입하려고 한다.

대학 4학년 2학기가 되자 빠른 취업으로 직장인이 된 아들은 2년 후 모은 돈으로 오피스텔 한 채를 샀다. 당시 오피스텔 가격에 50% 대출을 받아야만 했다. 아들의 절약 습관은 이때부터 시작된 것 같다. 난생처음으로 받아보는 임대료와 급여로 대출금 상환을 하기 위한 노력이 시작됐다. 그로부터 재테크와 경제적 자유 성공의 출발점이자 지름길이라고 할 수 있는 '절약 지존'이 시작되었다.

절약이란 누구나 본능적으로 편하고 소비하고 싶은 욕망을 눌러야만 한다. 아직 젊고 팔팔한 시기에 잘 해낼 수 있을지 의심 반, 기대 반 했다. 연봉도 그리 높은 것도 아니었지만 최대한 구체적으로 금액과 용도를 명시적으로 정리하기 시작했다, 물건을 살 때도 여러 가지 가격 비교해 보면서 가성비가 가장 좋은 제품을 샀다. 운동은 체육관을 이용하기보다 유튜브 영상을 보며 홈 트레이닝으로 해결하고, 동호회, 친구 모임에서도 도움이 안 되는 모임은 과감하게 정리했다. 비싼 외식 대신 다양한 레시피를 블로그에서 검색하여 직접 요리하는 재미도 느끼는 것 같았다. 오피스텔에서 발생하는 수리는 설비업자를 부르지 않고 유튜브를 통해 해결했다. 그밖에 자신에게 필요한 물건은 당근 마켓이나 중고 거래를 통해 해결했다. 일상을 더욱 단순하게, 더욱 적게, 여백을 두는 형태로 자연히 미니멀리즘을 수용해야만 했다. 철저한 마인드 셋을 중심으로 진정으로 의미 있고 실질적인 목표를 스스로 세워나가는 아들을 보며 대견하기까지 했다.

그러다가도 지나친 절약으로 '스크루지'족으로 변하는 건 아닐까, 노파심이 들기도 했다. 그런데 그렇지만은 않은 게 집에 수명이 다한 가전제품을 서슴없이 사 주는 것이었다. 에어컨, 세탁기를 그것도 신형으로 '턱'하니 사 오니 그럴 땐 산타 같아 보였다. 혹여 저렇게 보복 소비를 하는 것은 아닐까 하는 걱정이 들기도 하고 절약 지존에 슬럼프가 찾아와 갑자기 인생 뭐 있냐며 욜로족으로 돌변하지나 않을까 하는 생각이 들기도 했다. 그러나 흔들리지 않고 절약과 검소한 생활은 지속되었다. 다행히도 대출금을 모두 상환했다. 절약에 대한 보상이라도 받은 듯 아들은 몇 년 후 또 하나의 신축 오피스텔을 마련했다.

세계적인 부호인 워런 버핏은 아침 식사에 3.17달러 이상을 쓰지 않으며, 소비에서 신용카드가 아닌 현금을 사용한다고 한다. 그는 지금도 60년 넘은 집에서 살고 있다.

버핏의 이러한 절약과 검소한 생활로 사회적 책임을 다하는 '존경받는 부자'로 인정받고 있다.

1년 전, 영끌해 주식과 코인하던 MZ세대들이 '거지방'서 절약 열풍이 일어나고 있다는 보도를 보았다. 자신의 소비지출을 단체 메시지 방에 공유하면서 절약을 유도하는 이른바 '절약방', '거지방'에는 수천 명이 모여 '재테크' '절약' '구두쇠' '지출기록' 등의 키워드로 해시태그를 걸어놓고 절약을 공유하고 있단다. 개인이 놀이식으로 만든 '거지방' 트렌드를 보며 소비에 대한 따끔한 충고와 절약 노하우가 가히 놀라웠다. 경제적으로, 환경측면으로 불평등이 만연한 사회에서 치유의 힘을 얻고자 만든 것이지만, 행동이 습관이 되면 좀 더 바람직한 소비풍토가 이뤄질 것이라 믿는다.

절약은 어떤 재테크보다 돈을 많이 모을 수 있는 수단이다. 그냥 무조건 돈을 안 쓰는 것보다 절약하는 방법을 터득해야 한다. 변해가는 절약 풍토를 바라보며 자신들의 꿈을 위해 절약 노하우를 실천하는 MZ 세대들에게 목표에 도달하기까지 포기하지 않길 바란다. 아들에게는 모으는 법도 중요하지만 자기 능력 내에서 쓰는 법이 더 중요하다는 걸 알려주고 싶다. 그리고 사회에 환원할 줄 아는 사람으로 살아가길 원한다.

두 달여 동안 탐색을 한 결과, 드디어 마음에 드는 아파트를 찾았다. 가족이 가까이에 있고, 밤이면 시내 야경이 한눈에 들어오는 고층 아파트다. 등기 권리증를 받아 든 아들의 얼굴에 꽃이 핀다. 그나마 일부분의 부채負債가 들뜬 마음을 가라앉힌다.

아직은 말해주고 싶다. 인생 최고의 약은 '절약'이라고.

아까시나무 꽃

5월은 신부의 눈부신 드레스와 같고, 무대 위를 행진하는 신랑의 발걸음같이 설렘이 가득하다.

아까시나무 꽃이 피기 시작하면 여름꽃인 덩굴장미도 빨간 봉오리를 내밀기 시작하고 보랏빛 붓꽃은 붓을 들어 곳곳에 방(旁)을 붙인다. 여름의 서찰을 받아 든 이팝나무도 팝콘을 펑펑 터트리며 가지마다 하얀 눈을 소복소복 쌓아 놓는다. 변덕스러운 햇볕에도 녹지 않는 이 눈꽃은 마침내 가로수가 되어 하얗게 길을 밝힌다.

들에는 새봄에 심은 완두콩 줄기마다 파란 꼬투리가 주렁주렁 열리고, 감자밭에는 벌써 감자꽃이 하얗게 피어오른다. 작년에 심은 마늘잎은 늘씬한 몸을 자랑하며 싱그러운 산소를 내뿜는다.

오월이 오면 가장 먼저 생각나는 곳이 고향이다.

눈을 감아야 오히려 보이는 것이 있다면 그것은 그리움이다.

어릴 적, 집 뒤란에는 언제부터 그 자리를 지키고 있었는지 알 수 없는 허리가 미끈한 아까시나무에 꽃이 흐드러지게 필 때면 방과 후 나무 아래 가마니를 깔고 꼭꼭 숨어 한 살림 차렸다. 숙제하고, 아라비안나이트 속에 푹 빠져 있노라면 달콤한 향이 온몸을 적셨다. 그 향기를 참지 못하고 가시에 수없이 찔리면서도 그 꽃을 따 먹었다. 그것도 모자라면 꽃잎을 훑어 바구니 담아 어머니에게 갖다 드리면 어머니는 밀가루를 묻혀 푸짐하게 쪄 주셨다. 달콤한 향과 맛으로 허기를 채우는 날이 많아질수록 봄은 자꾸만 멀어져만 갔다.

아무리 크게 자라도 아까시나무는 어린 내 두 팔 안에 쏙 들어왔다. 가시가 사정없이 살갗에 침을 놓아도 그 향기에 취해 자리를 떠날 줄 몰랐다. 아까시나무 꽃은 보름 정도 벌과 농밀한 만남으로 꿀을 남기고 끝을 내지만, 그 향기는 오래도록 남았다.

아까시나무 꽃이 지기 시작하면 벼농사를 시작하라는 신호이다. 입하가 다가오면 아버지는 신나락(볍씨)을 커다란 독에 담그고 농약으로 소독을 하셨다. 일주일 지나 싹이 올라오면 못자리판에 신나락 파종이 시작됐다. 새벽부터 반나절이 넘게 못자리 판에 엎드려 볍씨 뿌리시는 부모님의 굽은 등이 보인다.

부모님의 굽은 등은 내가 밟고 넘어온 산등성이다. 봄날의 물기 같았던 푸르고 꼿꼿했던 등을 자식에게 내어주느라 저토록 굽으셨다. 시시때때로 자식들이 찔러대는 가시도 사랑으로 치료하셨다.

아버지는 볍씨 파종 후에는 낮과 밤의 온도 차를 줄일 수 있도록 보온 덮개로 덮어놓으시고는 고랑에 물을 충분히 대주어 보온 관리를 하셨다.

좋은 씨앗도 황폐하고 메마른 땅에서는 싹을 틔우지 못한다.

아버지는 튼튼한 모 기르는 것이 벼농사의 반을 차지한다는 걸 아셨다.

자식은 비옥하고 풍성한 토양이 되어 주신 부모님의 마음 밭에서 작은 것에 감사할 줄 아는 사람이 되었고 어려움 속에서도 진정한 행복이 어떤 것인가를 알게 하셨다.

향원익청香遠益淸은 연꽃만이 아니다. 멀리 있어도 주변 가득 향기를 채우는 어버이 꽃도 그러하다. 색깔로 마음을 차지하는 홍도화나 여련화도 일색이지만, 향기로 말하는 아까시나무 꽃은 고향을 데려오고 부모님을 그리워하게 한다. 언제라도 돌아갈 수 있는 고향을 생각하면 시가 들어오고 음악이 들려온다.

내 나이 이제는 그푸르름이 다 가고 빈 삭정이 되어 꽃 대신 허연 삭정 가루를 날리고 있는 나이지만 나는 이 계절을 가장 좋아 한다.

오늘도 나는 세상에서 가장 큰 에메랄드 반지를 끼고, 아까시나무 꽃으로 화관을 만들어 쓰고 5월 신부가 된다.

제2부

바보 카페

'BABO Cafe'

이곳은 그녀가 대부분 시간을 보내는 공간의 이름이다. 이곳에서는 느긋하게 일몰을 즐길 수 있다.

여름의 문턱에 들어선 서해 바닷가는 물안개가 피어오른다. 카페 2층 고즈넉한 자리에 앉아 창밖을 내다본다. 잔잔한 수평선 너머로 물보라를 일으키며 오가는 통통배들이 바다에 밑그림을 그려놓는다. 때마침 주홍빛 휘장을 두르고 나타난 저녁노을이 서천 끝으로부터 장막을 치기 시작했다. 하늘과 바다를 화폭 삼아 햇빛과 습기가 만들어 낸 저 황홀한 작품, 서천 구만리가 온통 황금, 주홍, 붉은빛으로 활강하며 층층 구름을 쌓아 놓는다. 필경 노을의 성분은 자애와 자비일 것이다. 이 순간만큼은 탐욕도 미움도 괴로움도 모두 묻히고야 만다. 공간과 시간에 따라 달라지는 이 마법의 정체는 모든 걸 감싸 안고 엷은 노을을 잠시 남기고 어둠 속으로 사라졌다. 경이로운 시간이 떠나고 가뭇없이 사라진 하루의 뒷모습이 밤바다에 일렁인다.

음악이 흐르는 카페 안에는 두어 명의 손님만이 나와 같이 여유를 즐기고 있다. 실내에는 칸쵸네 'tornero' 음악이 흐른다. 내가 좋아하는 곡을 들려주는 그녀의 센스에 모처럼 감성에 젖어 든다.

> 당신이 눈물을 닦는 동안/ 기차가 멀어져 갔는 걸/ 나는 아직도 기억해요/ 나는 돌아갈 거예요.…(중략)…

이 음악은 노래에도 생명이 있다는 걸 알게 해준 곡이다. 노래의 운명은 듣는 이로 하여금 천의 얼굴로 다가와 의식을 깨우고 마음을 성장시킨다. 카페를 운영하면서 듣고 싶은 음악도 원 없이 듣고, 커피도 입맛대로 마실 수 있는 게 가장 큰 행복이라는 그녀다.

사실, 이곳은 그녀가 도망치듯 달아나다 멈춘 곳이다.

얼마 전 남편을 지구별로 보내고 견딜 수 없는 고통과 두려움을 피해 여행을 다녔다.

"난 그 집에서 단 하루도 살 수가 없었어! 눈을 떠도 눈을 감아도 그가 옆에서 자꾸만 부르는 것만 같고, 퇴근 시간이면 현관문을 드르륵 열고 들어올 것만 같아."

전화를 통해 들려오는 그녀의 처절한 음성이 무슨 일을 내고 말

것 같다는 불안감이 엄습해 오긴 했었다. 그녀의 마음을 왜 모르겠는가. 그대만 곁에 있다면 어디든 천국이라던 그녀였다. 지금, 그 빈자리를 누가 채워 줄 수 있을까. 스물두 살에 집안 반대에도 불구하고 무일푼인 그와 무작정 살림부터 차렸던 그녀였다. 영문과 대학생이었던 남편은 그 많은 세월을 그녀에게 신뢰를 무너뜨리지 않았다. 그런 그녀에게 남편의 부재가 얼마나 가혹했을지를 알고도 남음이 있었다.

한 편의 멜로드라마 같은 현실이 고추바람처럼 찾아와 가슴을 베고 세상을 잘라냈다. 남편을 보내고 사십구재도 지나지 않았건만, 그녀는 살던 집에서 더는 견딜 수가 없었다. 도망치듯 정착한 곳이 안면도 해변이었다.

남편의 사후 정리를 하면서 오히려 몸은 바빠졌다. 상속에 대한 각종 서류와 씨름하며 달포를 정리하고 나니 그제야 현실의 무게가 엄습해 왔다. 그러다가 무작정 떠났다. 전국을 떠돌다가 이곳 밧개해변에서 일몰을 보는 순간 온갖 잡색을 감춰버린 붉은빛이 그녀를 끌어안았다. 붉지만 타지 않고, 붉지만 뜨겁지 않은 빛깔, 그 빛깔은 천상과 미친 사랑이자 생명의 색이었다. 이 붉은 노을을 매일 볼 수 있다면 이 고통도 사라질 것만 같았다.

지인의 도움으로 그녀는 우선 해변가 허물어져 가는 2층 건물을 전세로 얻었다. 횟집을 하다가 몇 년 방치된 건물은 폐가나 다름없었다. 새벽부터 자재상을 돌아다니며 인테리어 자재와 소품을 사서 카페 공간으로 꾸몄다. 남편이 남기고 간 연금이며, 아파트와 부동산은 그녀가 이곳에 정착하는 데 큰 도움이 되었다. 아마 경제적인 것이 해결되지 않았다면 엄두도 못 낼 일이었다.

결혼 후 늘 자영업을 꿈꾸고 살았지만, 남편의 직업상 참고 살아야만 했다. 이곳 카페 오픈을 위해 고추바람과 싸우며 새벽부터 밤늦도록 공사 현장에서 몸을 혹사하는 것이 고통이 아닌 치유로 다가왔다. 남편이 그리우면 그리울수록 더 힘들게 몸으로 부딪치며 홀로서기 준비를 했다. 공사는 순조롭게 진행되었다. 두 달 동안 시공하면서 카페는 점점 제 모습을 찾아가기 시작했다.

입춘을 보내고 경칩이 되던 날, 카카오톡으로 사진 한 장을 보내왔다. 보내온 사진에는 'BABO cafe'간판이 눈에 확 들어왔다. 카페 앞에 우뚝 서 있는 상호가 처음에는 의아했다.

"왜 하필 바보야?"

"바보란 말이 나는 좋아서."그녀의 나지막한 목소리는 안정되어 있었다.

지금은 차라리 바보가 되고 싶었던 그녀였을까.

바보라면 아무것도 하지 않아도 되고, 아무것도 설명하지 않아도 되고, 아무런 대답도 하지 않아도 될 테니까, 모든 걸 함축한 한 마디, '바보' 그녀답다는 발상이라고 생각했다.

"너답다." 한마디 던지자, 그녀는 자신의 마음을 간판으로 정한 것을 만족해했다.

자기 스스로 '바보'라 한 사람, 고故 김수환 추기경이다. 그의 저서 『바보야』라고 한 그 글 속에는 자기를 낮추는 겸손한 마음이 그대로 드러난다. 평생을 나누는 삶을 살다 간 김 추기경을 늘 존경해 왔던 그녀는 이 말은 그 어떠한 미사여구보다도 진정성이 내포되어 있다는 걸 안다.

개업한 지 이제 두 달 남짓 된다. 그녀만의 독특한 셈법은 그저 찾아오는 이들이 편히 쉬었다 가는 휴식 공간으로 제공하고 있다. 이곳을 찾는 이들에게 커피 한잔에도 따스한 정을 담아 정성으로 대접하며 인연 되기를 마다하지 않는다. 남녀노소를 불문하고 사람 좋아하고 나누는 것을 잘하는 그녀의 성향과 딱 맞아떨어졌다. 그녀의 성향 그대로를 나타난 상호가 어울린다는 생각이 들기도 했다. 얼마 전까지만 해도 세상을 원망하며 살 수 없겠다던 그녀를 변화시킨 것은 자연이었다.

적토마처럼 달리던 그녀 남편은 아직 할 일도, 갈 곳도 많은 나이였는데 더는 그의 목소리를 들을 수도 아니, 들리지도 않는 곳으로 가버렸다. 이제 저 혼자 남은 삶을 품으며 살아가야만 한다. 오늘, 이 노을이 아무리 황홀하고 경이롭다 한들 남편의 후광만은 못하겠지만, 그 빈자리에 남은 열정을 채우며 살아갈 것이다.

훗날, 그녀를 두고 제2의 인생을 멋지게 잘 살았노라고 박수를 보낼 것이다.

이제, 그녀의 인생에도 노을이 지기 시작한다.

그녀는 세상앓이를 이렇게 이겨내며 온갖 잡색을 품고도 찬란하게 비추는 저 노을처럼 세상을 아름답게 비추는 삶이 되기를 기도한다.

천국의 계단

코로나의 기나긴 터널로 인하여 새봄을 보내고 부드럽게 살갗을 애무하는 초여름이 찾아왔으나 설렘도 없이 조심스럽게 지나는 시간이 아쉽기만 하다.

1차 백신 예방 접종을 하고 다소 가벼운 마음으로 답답한 현실을 벗어나 안면도 해안으로 여행을 떠났다. 그리움을 찾아 떠나서 온 곳, 하얀 파도가 하얗게 웃으며 달려든다. 광활한 물결을 바라보며 말 그대로 가만히 멍을 때린다. 해안을 따라 형성된 넓은 백사장에는 캠핑과 차박을 즐기는 사람들이 물멍을 만끽하고 있다.

카페 앞마당에는 10미터 높이의 계단이 설치되어 있는데 '천국의 계단'이라 이름하여 포토존을 꾸며 놓았다. 계단 아래에 삼각대를 놓고 사진을 찍으면 마치 하늘로 이어진 계단과 같은 사진이 연출된다. 실사판으로 최고의 인생 샷을 건지려는 젊은이들에게 인기가 많다. 사진을 찍는 사람들이 하나 같이 행복한 표정이다.

문득 이십여 년 전에 방영했던 드라마가 스쳐 지나간다.

'사랑은 돌아오는 거야' 드라마의 명대사이자 이야기를 끌고 가는 메시지였다. 권상우의 '싸당은 도다 오는 거야' 혀 짧은 소리에 최지우의 한 발 더해진 "콩주오빠 (송주 오빠)"말을 흉내 내면서도 절절한 사랑 이야기는 젊은 나에게 사랑의 서시를 품게 했다.

우리 모두의 마음속에는 지워지지 않는 사랑이 존재하고 있다. 치열한 삶의 한가운데에서도 사랑이라는 연애 세포는 지워지지도 사라지지도 않고 잠을 자다 깨어나 열렬한 사랑을 반복하기도 한다.

내 안에 사랑도 지난밤에 던져놓은 재크의 콩나무가 쑥쑥 자라 하늘까지 닿으면 그 콩나무를 타고 올라 비밀의 성에서 금지된 사랑을 찾길 꿈꾸기도 했다. 영원한 사랑, 끝없는 사랑은 천국에나 있을 법한 사랑이지만, 그 사랑을 찾아 지금도 천국의 문 앞에서 서성이는 내 모습이 때로는 어이없지만 죽는 날까지 그 기다림은 식지 않을 것 같다.

사랑은 상한 고기를 먹고 배탈이 난 것처럼 배앓이하는 고통이 뒤따른다고 했다. 그렇다 해도 사람은 자신의 천국을 기꺼이 희생하면서도 어두운 지옥의 길을 함께 걸을 수 있는 사랑을 찾아 헤매고 있다.

천국의 계단에는 나름대로 가치와 이야기를 간직하고 있다. 누구에게는 볼거리와 즐거움을 주고, 누구에게는 경이와 환상을 심어 주기도 하고, 누구에게는 108번뇌 삶의 애환을 넘어서는 계단이기도 하다. 이렇게 계단은 인생과 삶의 가치를 품는다.

나 역시 어느덧 청춘의 닻은 희미해지고, 날개를 접은 중년의 삶에 힘을 모으며 살아가고 있다. 중년의 내게 천국의 계단은 어떤 곳일까, 한 계단 더 높은 곳에 서기 위해 직업을 선택하고 학벌을 쌓고 외모를 가꾸고 재산을 늘리려고 허우적거리며 루프탑을 향해 열정을 쏟아붓지만, 그 끝은 보이지 않는다. 오로지 눈에 보이는 외형을 사랑으로 착각하며 나 자신만의 방식으로 살아온 것은 아닐는지, 해답은 어느 것 한 가지도 자유를 얻지 못했다. 이 나이 되어서 조금씩 알게 되는 천국을 향하는 계단은 나만의 낙원이 아닌 함께하는 곳에서 위로받고 사랑의 향기를 음미하며 살아가는 과정이라는 생각에 이른다.

에리히 프롬은 『사랑한다는 것』에서 '진짜 사랑을 멋지게 할 수만 있다면 그것 자체가 성공적인 삶, 가치 있는 삶'이라고 했다.

그 사랑의 높이나 넓이를 가늠할 수 있을지 모르겠지만 자신의 위치에서 사랑의 폭을 한 뼘만 높인다면 잘 살아가고 있는 게 아닐까 한다.

지금, 나는 재크의 콩나무를 오르듯 계단을 올랐다. 광활한 하늘 아래서 우주의 기운을 받는다. 세월의 더께를 더한 넓고 푸른 바다는 움직임이 없다. 오로지 시원한 바닷바람이 선물처럼 다가와 온몸을 감싸 안고 파도는 밀려와 내 마음을 씻어주고 내 마음이 밀려가 바다를 씻는다.

옥수수

지인이 보내준 옥수수가 자루를 뚫고 금방이라도 튀어나올 것 같이 싱싱하다. 진한 초록 잎맥의 결이 거친 옥수수 하나를 얼른 꺼낸다. 고향의 향기가 물씬 풍겨 나온다. 잎의 끝자락을 잡고 껍질을 벗기기 시작한다. 여인의 한복 속곳만큼이나 칭칭 동여맨 껍질은 얼마나 야무진지 여민 품을 여간해서는 속을 내주지 않을 기세다. 어차피 보여 줄 알몸인데도 조바심이 난다. 손孫을 탈까 거칠게 동여맨 검푸른 겉옷은 여지없이 나의 손에 의해 적나라하게 벗겨진다. 마침내 다 벗고 드러난 하얀 알갱이, 촘촘하고 고른 열列로 빈틈이 없다. 알알이 빛나는 모습이 진주알같이 실實하게 영근 하얀 옥수수가 식욕의 욕망을 채운다.

어려서부터 옥수수를 퍽 좋아했다.

5월, 완연한 봄이 오면 옥수수 파종이 시작됐다. 파종한 지 일주일이 지나 3cm 정도 뾰족뾰족 새싹이 돋아서 나오기 시작하면서부터 열매 맺기까지 긴 기다림은 더디게 흘렀다. 하룻밤에도 몇 뼘씩 자라는 이파리는 길게 뻗어 양쪽으로 늘어져 병사의 열병식을 보는 듯했다. 초여름 따끈한 햇살에 파종한 지 두 달이 지나면 압도적인 길이와 완벽한 비율의 늘씬한 품속에서 싱싱하고 푸릇푸릇한 옥수수는 붉고 반짝이는 수염을 내민다. 붉은 수염을 보면 생명이 피어나는 것 같아 가슴이 벅차오른다. 월광에 빛나던 고향 텃밭에 기억과 계절의 푸르름 속에서 순수와 안정감이 되살아난다.

이제 보름만 참으면 쫀득하고 밀크 캔디 향내가 나는 옥수수를 먹을 수 있다는 설렘으로 마음도 따라 춤을 춘다. 6월 중순이 되어서야 옥수수는 금값으로 마트에 선을 보이기 시작한다. 눈길이 온통 옥수수에 가 있지만 비싼 가격 탓에 보름을 더 기다려야만 한다. 그 기다림을 더 참지 못하고 몇 개 사 들고 와서 쪄 먹어보지만, 향과 맛이 이미 저만큼 달아난 탓에 살짝 실망한다. 산지에서 마트로 오기까지 과정은 적어도 하루 이틀이 지나기 때문이다. 옥수수는 따내는 즉시 쪄야 당도와 밀크 향이 그대로 살아있다. 그러나 옥수수를 너무 좋아한 탓에 이것마저도 꿀맛이다.

드디어 옥수수 출하가 시작되면 괴산으로 달려간다. 이글거리는 태양 아래 끝없이 펼쳐지는 옥수수밭은 푸른 바다이다. 도로를 달리다 보면 옥수수밭에서 수확한 찐 옥수수와 포댓자루에 담긴 옥수수가 기다리고 있다. 맛보기로 내미는 농부의 푸짐한 인심이 덤으로 즐거움을 선물한다. 어떤 간식과도 비길 수 없는 이 맛, 살인적인 여름도 옥수수 먹는 맛에 견뎌낼 수 있는 것 같다.

미국의 인디언 부족들은 추장의 딸들이 성숙해지면 옥수수밭으로 데리고 가서 결혼에 대한 인생 교육을 받게 한다고 한다. 지정된 밭고랑에서 가장 좋은 옥수수를 하나만 따오라는 지시를 받게 되는데 단, 한번 지나친 옥수수는 다시 쳐다볼 수도 없고, 단 한 번 내디딘 걸음을 후퇴할 수 없이 계속 앞을 향해 나가면서 마음에 드는 제일 좋은 옥수수를 고르는 일이다, 그 결과 '어떻게 될까?' 밭을 나온 딸들 손에는 하나같이 작고 보잘것없는 옥수수가 들려있다고 한다. '왜 그럴까?', 초반에는 탐스러운 옥수수가 나와도 '좀 더 가면 더 좋은 옥수수가 있겠지'라는 기대감에 선뜻 따지 못하다가 결국 도착지에 다다라서야 초조한 마음에 손에 닿는 아무 옥수수를 따서 나오게 된다는 것이다. 빈손이라면 평생 처녀로 살아가야 한다는 걱정 때문이다. 즉, 옥수수는 신랑감을 말한다.

뒤돌아보면 좋은 사람을, 좋은 기회가 왔는데도 어리석게도 잡지 못하고 그냥 보내고만 적이 있다. 욕심이 과해지면 눈이 멀게 된다.

옥수수 삶은 냄새가 집안에 가득 찬다. 뽀얀 진주알을 한입 물어뜯는다. 맛이 포로가 된 지금, 봄부터 기다렸던 옥수수 맛을 몸과 마음에 깊숙이 저장한다.

포식자

2층 사무실 창문을 열면 3m 거리에 오동나무 2그루가 나란히 서 있다.

옛날, 딸을 출산하면 집안에 오동나무를 심어 딸이 성장하여 결혼할 때 오동나무를 베어 장롱을 만들어 보냈다는 말이 있다. 사옥에도 오동나무를 심으면 좋다는 말에 15년 전에 심은 나무가 이제는 제법 목재로 써도 될 만큼 자랐다. 성장 속도가 빨라서인지 여름이면 잎사귀가 우산 크기가 되어 시원한 그늘을 만든다. 출근하면 커피 한잔을 들고 창밖의 자연을 보며 짧은 시간을 보낸다. 오늘도 시선은 오동나무로 갔다. 딱새 한 마리가 나뭇가지 사이에 둥지를 틀더니 며칠째 꼼짝하지 않고 앉아 있다. 새를 처음 발견하고 신기해서 빤히 쳐다보고 있는데도 이미 새가 경계심을 갖지 않고 미동도 하지 않는다. 그 후로 아침이면 맨 먼저 딱새에게로 다가가 간밤에 별일 없었는지 확인했다. 괜히 가족이 된 것 같아 마음이 쓰였다.

오늘은 뻐꾸기가 배회하며 딱새를 살피며 유영游泳하다가 날아가 버린다. 뻐꾸기는 스스로 둥지를 틀지도 못할 뿐 아니라, 새끼를 돌보거나 건사하지 못한다. 다른 새들이 알을 품고 있다가 잠깐 자리를 비운 사이에 기회만 노리던 눈치 빠른 뻐꾸기는 잽싸게 달려들어 알 하나를 깨 먹거나 굴려 떨어뜨리고 제 것 하나를 재빨리 낳고 줄행랑을 친다. 이렇게 이 둥지 저 둥지를 배회하면서 사방 알을 낳는 탁란托卵 조류라는 것을 알게 되었다. 뻐꾸기 습성과 오늘날, 탁아托兒하는 젊은 부모들이 자녀를 낳아 조부모에게 맡겨 놓고 자신의 생활을 찾아가는 모습과 같다.

잠시 쉬는 시간이면 창가로 가서 둥지에 앉아 있는 딱새와 긴 눈 맞춤을 한다. 한여름 폭염 속에서도 여전히 요동하지 않은 채 기척도 없더니 열흘 만에 새끼가 태어났다. 새끼들의 털도 없는 알몸이 언뜻언뜻 보였다. 그 자체의 모습은 조금 안쓰럽기까지 했다. 여름이더라도 새벽 공기에 춥지 않을까 걱정했는데 신기하게도 며칠 지나지 않아 솜털이 제법 자라났다. 가까이에서 새의 탄생과 성장, 습성을 바라보면서 잔잔한 평화와 자유를 맛보며 무언의 대화를 하며 교감을 나누었다. 비가 내리면 넓은 오동나무 잎사귀를 지붕 삼아 비를 피하고, 바람이 불면 날갯죽지를 접어 새끼들을 보호했다. 철 가공하는 소리에도 마다하지 않고 미동도 하지 않은 어미 새는 새끼에게 먹일 양식을 구하러 나갈 때나 움직였다. 하얀 솜덩이 같은 새끼는 어미를 기다리며 짧은 목을 빼고 삑삑거렸다. 뜻밖의 장소에서 만난 새와의 만남은 여름이 다 가도록 인연을 이어갔다.

새끼가 점점 자라서 둥지 안을 차지하면서 작은 둥지가 위태로워 보였다. 아직 날지 못하는 새끼는 제법 꽁지를 내밀고 날갯짓 연습에 한창이다.

그날도 커피 한잔을 타서 딱새 가족을 만나러 창가로 갔다. 그런데 '아뿔싸' 무서운 일이 벌어 지고 있었다. 먹구렁이가 새 둥지를 향하여 슬금슬금 기어오르더니 어미 새를 공격하기 시작했다. 구렁이의 습격에 놀란 어미 새가 '빡빡빡' 비명과 함께 날갯짓하며 온몸을 다해 저항했으나 순식간에 새끼를 삼켜버린 구렁이는 이번에는 어미 새를 향해 몸을 비틀었다. 어미 새는 더 대항하지 못하고 날아가 버렸다. 새끼를 모조리 삼켜버린 구렁이는 나무를 타고 유유히 사라졌다.

충격적인 살육 현장을 눈앞에서 보면서 며칠 동안 정을 나누었던 날들이 되살아나 허탈하기만 했다. 어미가 둥지를 더 높은 곳에다 더 견고하게 만들었더라면, 며칠만 기다리면 날아갈 수 있었을 텐데, 내가 누군가의 도움을 받아서라도 그놈의 구렁이를 쫓아

냈어야 했는데 방어하지 못한 것만 같아 아쉬움이 크게 남는다.

그 후 어미 새는 어디로 갔는지 며칠째 나타나지 않았다. 자연 생태계에서 포식자와 피식자의 먹고 먹히는 먹이사슬은 삶의 법칙일까.

지금도 오동 나뭇가지 위에는 딱새 가족의 빈 둥지만이 쓸쓸하게 남아있다.

내가 살아가는 과정에서도 포식자는 늘 뒤를 따라다녔다. 별안간 부닥치는 불행의 포식자, 가족을 잃기도 했고 사업에 실패하기도 했고 한때 건강을 잃기도 했다.

이 포식자는 보이지 않는 가면을 쓰고 시시때때로 나의 삶을 공격해 왔다.

먹히지 않으려면 방어를 잘해야만 한다. 나는 어쩌면 이 방어를 배우기 위해 평생을 다 쓰고 있는지도 모른다는 생각이 들었다.

장마

장마전선은 아직도 물러설 줄 모르고 장대비를 쏟아붓는다. 집중호우로 인하여 불어난 물로 지방에서는 하천제방이 소실되고 재산 피해가 잇따르고 있다는 뉴스가 연일 보도되고 있다.

올여름 장맛비로 인하여 14명의 희생자를 낸 오송 궁평 2 지하차도 참사에 아직도 가슴이 먹먹해져 온다. 최악의 재앙이 휩쓸고 간 오송은 앞으로도 비가 오면 뜨거운 시선을 피하기 어려울 것 같다.

이렇게 장마가 심술을 부릴 때면 수십 년 전 그날의 아픔이 떠오른다.

고향의 여름은 장마로부터 시작되었다. 구름이 산등성이에 피어오르고 바람 없는 하늘은 뜨거운 하루를 예고했다. 그런 다음 날부터 어김없이 밤새 비를 퍼부었고 낮에도 온종일 비가 내렸다. 비를 좋아했던 나는 이런 날이면 폴 모리 악단의 "여름날의 소야곡"라든지, 보니엠의 "바빌론의 강가에서"를 감상하며 보냈다. 간

호사였던 언니는 월급을 모아 피아노를 샀다. 언니는 시간만 나면 피아노 앞에 앉아 "아드린느를 위한 발라드" "시인과 나" 때로는 "소녀의 기도"를 연습하곤 했다. 주삿바늘을 꼽았던 가느다란 손끝은 피아노 건반 위에서 자유롭게 춤을 추었다. 어쩌다가 매끄럽지 못한 피아노 소리가 날 때면 문밖에 있던 백구도 듣기가 싫은지 "꺼어꺽" 소리를 질러댔다. 아니, 백구도 따라 노래를 불러댔다. 악기를 다루기보다는 음악 듣기를 좋아했던 나는 불협화음인 피아노 소리를 피해 다른 방에서 카세트 플레이어 볼륨을 높여 듣곤 했다.

아랫집에는 대고모님이 사셨다. 70년대 낙농업 붐이 일어날 무렵, 당숙은 젖소 30여 마리를 사육하며 우유를 짜서 근교 우유 공장에 납품했다. 시골에서 우유를 먹기란 쉽지 않았을 시대였지만 고모는 가끔 이른 아침에 짠 신선한 우유를 한 주전자씩 가져왔다. 저온 소독한 우유에 한 꼬집 소금을 넣어 흔들어 마시면 비릿하면서도 고소한 맛이 온몸으로 퍼졌다. 유일하게 내 키를 키워준 건 우유 한 컵이었다. 여름이 오면 대고모는 흙벽돌 담장 위에 호박 넝쿨 속에 주먹만 한 애호박이 싱싱한 연둣빛 윤기가 돌면 풋고추와 부추를 쓱쓱 썰어 넣고 부침개를 해주셨다. 주전부리라도 하려면 윗마을 공회당公會堂까지 가야만 했던 우리에게 최고 간식이었다. 대고모의 한결같은 60년 사랑은 아버지의 커다란 버팀목이었다.

그해 여름, 20년 만에 들이닥친 장마가 장대비를 퍼부었다. 며칠 계속되는 장마는 농경지가 침수되고 논둑이 사방으로 터져나가 두세 뼘 자란 벼들이 사정없이 급류에 휩쓸려 떠내려갔다. 휴일 오후 내내 언니는 피아노 앞에 앉아 연습 중이다. 빗소리에 파묻힌 피아노 소리는 다행히 습기에 젖어 시끄럽지 않아 좋았다.

마을 사람들은 무논에 물꼬를 터 주느라 분주했다. 비가 잦아들자 말없이 물꼬를 보러 나간 대고모가 돌아오지 않자, 당숙이 찾아가 보니 대고모가 급류에 휩쓸려 논바닥에 쓰러져 있는 것을 발견하고야 말았다. 혼비백산한 당숙은 대고모를 업고 집으로 돌아와 눕혔다. 온 동네 사람들이 순식간에 모두 모여들었다.

언니를 찾는 다급한 아버지의 목소리에 언니가 대고모 집으로 달려갔다. 언니는 대청마루에서 축 처진 대고모를 끌어 않고 부들부들 떨고 있는 당숙을 진정시키고 심폐소생술을 시작했다. 온몸이 흙탕물로 뒤집어쓴 얼굴은 일그러져 있었고 뚱뚱 부은 가슴 위에 양손을 얹고 심폐소생술로 압박할 때마다 물로 차 있던 온몸이 꿀렁꿀렁 춤을 추었다. 언니가 인공호흡을 하며 숨을 넣어주자 끄르륵 끄르륵 소리를 냈다. 마치 숨을 몰아쉬는 것처럼 들려왔다.

동네 사람들이 모두 "이제 살았다"며 안도했으나 대고모는 깨어나지 않았다. 안타깝게도 이미 골든타임을 놓쳐버린 대고모는 끝내 숨을 거뒀다. 아니, 숨은 이미 급류 속에서 멎었던 것이었다. 숨진 것을 알면서도 실낱같은 희망을 기대하며 최선을 다한 언니의 낙심한 얼굴이 파랗게 질려있었다. 구급차가 대고모님을 싣고 떠난 다음 날까지도 진정이 되지 않았다. 살갑고 너른 품에 수십 년 세월을 함께 섞고 나눈 시간이 있었기에 우리 가족은 쉽게 보낼 수가 없었다. 이렇게 소낙비가 내리는 장마철이 오면 아직도 제일 먼저 대고모님의 물에 빠진 데드 마스크가 아직도 뇌리에 생생하게 남아있다.

결혼 후 한 때, 마른하늘에 날벼락을 맞은 나는 가는 곳마다 폭풍우를 몰고 다녔다. 특히 친정 식구들에게 모다깃 비를 뿌리고 돌풍을 일으키며 걱정을 쏟아부었다. 방향도 잃고, 의욕도 시간도 잃었다. 뇌우로 노배기가 된 홑옷과 신발은 긴 시간 마르지 않았다.

애면글면하며 함께 노배기 옷을 입고 보듬어 주던 아버지는 해소가 점점 심해지면서 내가 던진 충격으로 남편이 소천 한 후 일 년 뒤 세상을 떠나셨다.

상처가 옹이가 되어 단단해 질 무렵 나는 일어나 걸었다. 아버지가 등 뒤에서 나를 일으키며 도와주는 듯했다. 이제 나는 가는 곳마다 새 물길을 열며 길을 내고 용기의 산물을 쌓고 꿈을 일구었다. 지금은 오히려 친정 가족들이 나의 안부 전화 한마디에 힘을 얻는 걸 보면서 열심히 살아온 것 같아 뿌듯하다.

예고는 있으나 막을 수 없는 장마와 같은 운명 앞에 나약했던 존재는 연륜이라는 지혜로 차분히 맞이할 수 있었다.

지금, 창밖에서 거센 비바람이 두꺼운 거실 창을 두드린다. 그러나 나는 문을 열어줄 생각이 전혀 없다.

꿈꾸는 정원

천상 낙원이 지상으로 내려앉는다면 이런 풍경일 것이다.

수목원에서는 걷는 내내 달달한 향이 났다. 이곳에는 학창 때 거닐던 교정도 있었고, 영화에서나 보았던 파라다이스가 존재하고 있었다. 이토록 크고 아름다운 정원에서 나는 한 마리 나비가 되어 산림치유를 하고 있다. 사시장철 꽃이 지지 않는 방초 우거진 화원, 예사롭지 않은 수많은 수목에 레이더를 향한 두 눈은 풀도 꽃 같아 신비롭고 경이로웠다.

이곳은 천리포 수목원은 미국 펜실베이니아 출신의 푸른 눈을 가진 민 병갈 박사는 1962년에 용지를 매입하고 척박한 땅에 수목원을 조성하기 시작했다. 18만 평에 17,000 분류군의 전 세계적인 나무를 심어 봄에는 목련, 만병초, 튤립, 여름이면 수국, 가시연꽃, 상사화, 장미, 가을이 오면 화살나무, 억새, 단풍나무, 눈이 오면 호랑가시나무, 동백과 복수초, 설강화가 화려하게 수놓는다.

1979년 한국으로 귀화한 그는 정원에 대해서 결코 만족이 없었다. 그칠 줄 모르는 집념으로 생태학을 연구하고 지식의 지평을 넓혀가며 해충과 싸우며 식물에 귀를 기울이고 때를 맞춰 물을 주고 잡초를 뽑으며 철저한 관리와 계획으로 가꾸어 나갔었다. 57년간 고난과 시련을 하늘의 선물로 받아들이며 전 세계 나무 시장을 돌아다니며 이곳을 무릉도원으로 탈바꿈시켰다. 그가 이루어 놓은 지금의 수목원은 다니엘 디포가 『로빈슨 크루소』를, 존 버니언이 『천로역정』을 감옥에서 탄생시킨 것과 같이, 베토벤이 청력을 잃고 나서도 위대한 곡을 내고, 존 밀턴이 두 눈을 실명한 후 『실낙원』을 탄생시킨 것처럼 그는 우리나라에 녹화사업과 생태학 학술연구에 크게 이바지했다는 점이다. 그가 세상을 떠났어도 이곳은 매 순간 성장하며 변화하고 있었다.

큰 연못에는 가시연꽃이 고요히 수목원의 빛나는 성장을 지켜보고 있다. 나무를 심다 보니 물이 많이 필요해서 파 놓은 연못이 지금은 이곳에서 가장 분위기가 좋은 곳이 되었다고 한다.

임산 민병갈 박사의 흉상이 세워진 추모 공원 앞에 섰다. 2002년 그가 사망하자 "내가 죽으면 묘를 쓰지 말라, 묘 쓸 자리에 나무 한 그루라도 더 심으라"라는 뜻을 받들어 태산목 목련 나무 밑에 수목장으로 모셨다 한다.

"나는 호랑가시나무와 결혼해 목련을 낳았지" 고향에서 가져온

가시 목련을 심어놓고 어머니가 그리울 때마다 위로받으며 평생을 비혼으로 지냈다.

300년 뒤 한국의 후손을 위해 준비하며 자연 일부가 되어 더불어 사는 삶을 실천하신 숭고한 정신에 절로 고개가 숙어진다.

또, 한사람, 동화 작가 '타샤 튜더'는 버몬트주 시골에서 35년 넘게 30만 평의 대지에 18세기 영국식으로 꾸민 타샤 정원은 미국에서 가장 아름다운 정원 중의 하나로 손꼽힌다. '지상 낙원'으로 가꿔온 정원은 타샤의 자연을 존중하고 삶을 사랑하는 타샤 튜더의 낙천성과 부지런함이 고스란히 배어 있는 공간이다. 염소젖을 짜고 꽃을 가꾸고 동물에게 먹이를 주고 차를 마시고 산책하고 손님을 접대하고 그림 그리는 거의 모든 일과가 정원에서 이루어진다.

기자가 어떤 꽃을 가장 좋아하냐고 묻자 "나는 모든 꽃이 다 좋아요. 먹고 살지 않으면 안 되니까 그림 그리는 일도 하지만, 만약 그럴 필요가 없다면 기쁜 마음으로 온종일 정원에서 화초를 돌보며 아름답게 핀 꽃을 즐길지도 모르죠."

타샤 튜더는 56세에 버몬트 숲속에 정원을 만들기 시작하여 30년 후 꽃이 지지 않는 지상 낙원을 완성 시켰다.

이러한 '시크릿 가든'이 탄생은 이혼 후 네 자녀를 키우며 힘겨웠던 타샤는 자연으로부터 위로받고자 하였고, 그녀의 손길이 닿은 집과 정원과 살림은 예술이 되었다고 한다. 2010년 6월, 95세 나이로 그녀는 자신이 그토록 사랑했던 자연의 품으로 돌아갔다.

꽃과 나무를 사랑하고 무시로 싹을 틔우는 새로운 생명에 기쁨을 갖고, 자라나는 과정을 기다리며 인애仁愛의 소중함을 남기고 간 민 병갈 박사와 타샤 튜더를 생각하며 나의 60년 인생의 정원을 들여다본다.

가드닝은 "정원을 가꾸는 일은 가장 느린 공연 예술이다."라고 했다.

자신의 인생 정원이야말로 한평생 가꿔야 할 정원이다.

내가 꿈꾸던 정원은 그런대로 열심히 가꾸었다고 생각하지만. 큰 부를 소유한 것도 아니고 뛰어난 가정을 이루지 못했다. 그때그때 주어진 환경을 열심히 헤쳐 나왔을 뿐이다. 살아오면서 감사한 것은 아이들이 건강하게 자라준 덕에 이만큼이나 올 수 있었다. 지금도 미완으로 가꾸고 있으니 그 끝은 내 생이 끝나는 날 함께 끝이 날것이다. 한가지 깨닫게 된 것은 가정에 대해서는 결코 교만할 수 없다는 것이다. 시시때때로 나만의 자만에 빠져 때로는 피지 못할 꽃을 심고, 향기도 열매도 맺지 못하는 과오를 범할 때도 많았다. 숲이 없는 잡초만 무성한 정원을 가꾸고 있는 건 아닌지 두렵기만 했다. 나이 삶터에 오로지 내 가족만을 위해 시간을 쏟아붓고 있었던 것은 아닌지 의문이 들었다. 지인들은 나를 보며 "참 잘 살아가고 있어요."라고 말을 하지만 그런 말은 더 열심히 살아가라는 말이다.

누구나 자신의 마음에 꼭 드는 완성된 정원을 가질 수 없다는 걸 이제야 받아들인다. 지금도 매시간 정성을 쏟아부으며 완성된 정원을 향해 노력하고 있지만, 열정은 점점 식어만 간다. 나이라는 숫자가 자꾸만 방해한다. '오늘이 가장 젊은 날'이라는 노래처럼 마음에 나이가 없다는 걸 되새기며 다시 힘을 내어 본다.

그렇게 살다 보면 나의 이 작은 정원에 누구든 찾아와 힘을 얻고 마음의 평안을 얻어가는 정원이 되리라는 생각에 이른다.

해바라기 단상

초가을, 지난여름 동안 상하고 지친 몸과 마음을 노란 해바라기가 다독여 주고 있다. 해바라기를 보면 빈센트 반 고흐가 생각난다. 희망의 상징으로 수없이 그렸던 해바라기는 불행하게 생을 마감한 그의 참다운 예술의 개화기로 남아있다.

전쟁터에서 실종된 남편을 찾아 떠나는 소피아 로렌이 마주한 우크라이나의 들판에 끝없이 펼쳐진 해바라기, 처음 장면과 마지막 장면에 등장하는 해바라기 군락의 모습을 잊을 수가 없다. 영화 '해바라기'는 전쟁 중 천신만고 끝에 남편을 찾았지만, 기억상실증으로 젊은 여인과 딸을 낳고 사는 남편을 두고 돌아올 수밖에 없었던 소피아 로렌, 이맘때면 sunflower OST가 절제된 슬픔으로 들려온다. 슬픈 상징으로 바라보게 되는 해바라기를 올해는 더욱 암담한 심정으로 바라볼 수밖에 없다.

지금은 그 땅에 또다시 찾아온 전쟁으로 해바라기가 비(雨)바라기가 되어 통곡하고 있다.

지난해 2월 러시아의 우크라이나 침공을 시작으로 파괴되는 우크라이나 평야를 볼 적마다 전쟁의 재앙을 절실히 느낀다. 푸틴의 끈질긴 폭격에도 물러서지 않는 젤렌스키의 정의는 나라와 국민을 지켜내려는 해바라기를 분명 닮았다.

마음이 나약해질 때마다 해바라기를 보면 생동감을 느끼고 쭉쭉 뻗어있는 해바라기에서 뭔지 모를 뜨거움과 독립적인 꽃 부심을 느낀다.

지난날 삶의 궤적을 조용히 더듬어 본다. 그동안 마음 관리를 제대로 하고 살아가고 있는지, 마음이 상태가 어떤지 청진기를 대고 살펴본다. 지금까지 마음 관리가 우수했는가, 아니면 우스웠는가, 나에게 주어진 제한된 시간을 낭비하며 살고 있지는 않았는지, 기대만 하고 노력하지 아니했는지, 내 짐이 점점 무거워질 때 대신 짐을 지워줄 사람을 은근히 기대한 적은 없었는지, 누군가를 단 한 번의 만남, 한 번의 발길로 다 알고 있다고 믿고 행동하지 아니했는지를 깊이 생각해 본다. 그저 목표도 없이 달리기만 했던 삶이었던 것 같다.

젊은 날에는 현재의 고통을 이겨내고 현재를 희생해야만 여유 있는 미래를 맞이할 수 있다고 믿어왔다.

돌이켜보면 태어나면서부터 한 단계 한 단계 넘을 때마다 꽃길이 나를 맞이하리라는 기대감으로 살아왔다. 취업하고 결혼하고 아이를 낳고 집을 장만하고 자식도 남보다 더 잘 키우려 했다. 그 자식이 성장해 결혼을 앞둔 황혼을 맞이하고 있지만 기대했던 꽃길도 행복도 쉽게 오지 않았던 것 같다. 막상 퇴직하고 정작 쉰다는 것은 또 다른 압박감으로 다가온다. 이유는 노년의 삶에 있어 최소한의 경제력이 뒷받침되어야 하고 건강해야 한다는 압박감에 사로잡혀 있기 때문이다. 이러한 미래에 대한 걱정 때문에 현재를 온전히 즐기지 못하고 고문하듯 살아왔다.

이제 이순 나이가 되고 보니 인간의 욕망은 끝이 없음을 깨닫는다. 아직도 버리지 못하는 욕망은 퇴직 후 삶이 불안하기만 하다. 해가 다르게 노화되는 몸은 삶의 속도가 느려지고, 뇌가 노화되어 현실을 인식하는 능력은 줄어들고, 자기통제력도 줄어도 관심은 언제나 경제란에 가 있다. 지역 연구원에서 조사한 노인 10명 중 6명은 생계비 때문에 일한다고 한다. 흘가분할 것 같았던 퇴직 후의 삶은 더 많은 짐을 져야만 하기에 노인 일자리 사업에 참여할 수밖에 없고 일자리의 만족도 낮게 평가되었다.

우울한 날이 늘어감에 따라 의욕도 상실되는 시기이다. 변화를 두려워하게 되고 도전도 선불리 덤벼들지 못한다.

삶의 묘약이라도 있다면 얼마나 좋을까, 그러던 오늘 나는 해바라기를 보며 그 묘약을 처방받게 되었다.

해바라기는 해를 보며 키가 자라고, 울타리에 걸려 해를 볼 수 없으면 키를 늘려 해를 본다. 식물도 환경에 맞게 성장하고 있다는 걸 느끼며 하물며 나는 왜 이렇게 고민해야 했는지, 산다는 것을 너무 어렵게 풀어내려고만 한 건 아닌지 되새겨 본다.

황혼이 다가올수록 나를 울타리에 가둔 것은 바로 나였음을 알았다.

더 소유하지 못한 것은 욕심을 버리면 될 것이고, 봉사하면서 삶의 보람을 찾으면 될 것이다.

매사 긍정적인 마음으로 나의 실수도 자연스럽게 받아들이고 운동으로 건강을 다지면서 문화생활로 감수성을 키워 좋은 책을 발간한다면 후회 없는 노년을 보내게 될 것이다.

노년의 일이 용돈 마련이 아닌 일을 통한 즐거움을 찾을 수 있는 삶이 되길 바라며 이 들녘에서 푸른 하늘과 어우러진 해바라기를 보며 치유의 에너지를 얻는다.

해바라기는 말한다. 내가 햇빛을 바라보는 것이 아니라, 내 모습을 보고 햇빛이 나에게 오는 거라고.

그루터기

시간이 날 때마다 운동 삼아 앞산을 걷는다. 이 산과 친구 되어 걸은 지도 십여 년이 넘었다. 도심 속에 자리한 야트막한 동산이지만 산에 들어서면 숲의 향과 나무의 향이 코끝에 스며들어 마음을 평온하게 한다. 특히 산죽이 무리를 지어 자라는 곳을 지날 때면 알싸한 향기가 청량제로 받아들여지면서 기운이 솟는다. 조붓한 오솔길은 굽은 허리를 곧게 펴주고, 다리에 힘을 실어 자세를 바로 잡아준다.

오솔길 중간쯤에는 고사목 한 그루가 서 있다. 고사목은 시대를 가늠하는 솟대처럼 의연하게 홀로 서 있다. 날카로운 고사목 나무 꼭대기에는 까마귀가 앉기도 하고 황조롱이와 어치가 날아들곤 한다. 황조롱이는 세상의 기운이 불안한 듯 시내를 굽어보기도 하며 사유하듯 먼 곳을 응시하다가 날아간다. 가끔은 산까치의 상서로운 소식에 발걸음이 가벼워지기도 한다. 늘 같은 자리에서 텃세를 부리는 맹금류의 출현으로 순하고 연약한 새들은 접근도 하지 못했다. 맹금류들은 나무 꼭대기에 앉아 숲의 호위무사라도 된 듯 소리 높여 자신의 존재를 알린다.

그런데 어느 날 고사목이 잘려 나갔다. 다른 사람의 눈에는 고사목이 병들어 죽은 쓸모없는 나무로 비쳤기 때문이리라. 아직은 수년 동안 흔들리지 않는 강고함이 남아있을 터인데 말이다. 자리를 잃은 새들은 어디로 갔는지 한동안 보이지 않았다. 휑한 자리 끝에는 햇빛과 바람만이 잘려 나간 그루터기를 말리고 있다.

이제는 새를 기다리는 일이 사라지니 나의 가슴에 사유의 새가 날아든다. 몸통이 잘린 고사목의 그루터기를 보며 생명의 한계를 읽는다. 푸르름이 성성했던 지난 시간도, 아픔과 상처도 옹이로 키우며 살아냈던 세월도 때가 되면 고사하여 자연으로 돌아가는 것이 생로병사 이치련만 그 순리마저 거스르고 싶을 때가 있다.

그루터기에 앉아 아직은 성성한 나무뿌리를 만져 본다. 등은 굽었지만 차가운 수분이 남아있어 손바닥에 전해져 온다.

그루터기는 오가는 사람들에게 요긴한 쉼터가 되기도 했다. 들일을 하고 돌아오는 사람에게 그루터기는 간이의자이기도 하다. 내 어릴 적 어머니는 밭에서 돌아오다가 으레 이 그루터기에서 쉬시곤 하셨다.

작은 몸으로 넓은 전답을 감당하기에는 언제나 벅차 보였다. 동리에서 가장 많은 농토인 데다, 봄가을로 양잠까지 해 오셨으니 어머니의 몸은 늘 지칠 수밖에 없었다. 단 하루도 휴식이 없었던 어머니에게는 그 많은 일들을 감내하는 나름의 묘책이 있었나 보다.

어머니의 그루터기는 신앙이었다. 새벽기도로 시작하여 잠자기 전 기도로 하루를 마무리하는 신앙이 묘약이었던 것 같다.

나의 그루터기는 어머니였다. 언제나 찾아가 안길 수 있는 그루터기, 마음이 불안할 때도 속상할 때도 어머니를 바라보면 마음이 편안했다.

"염려하지 마라. 뜻하는 모든 것을 다 이룰 테니."

어머니는 기도 중에 가끔 예언 기도를 하셨는데 기도는 늘 나를 안심시켰다.

어머니가 돌아가신 지도 10여 년이 지났다. 떠나셨어도 그루터기에 의지하셨던 어머니처럼 나도 어머니의 보이지 않는 어깨에 기대곤 한다. 마음이 공허할 때나 삶에 불만이 쌓이거나, 길을 잃고 공포 속에서 방황할 때나, 왠지 모를 외로움에 포근한 정이 그리울 때면 내 영혼의 쉼터인 어머니의 품을 찾았다. 그곳이 언제나 내 그루터기이다.

요즘에 와서 어머니와의 추억을 자주 끄집어낸다. 나도 점차 엄마를 닮아가고 있음이리라. 어머니가 앉아 쉬시던 길가의 그루터기처럼 나 또한 내 아이들의 쉼터가 되었고 아이들을 기다리며 마음을 추스른다.

세월이 지나면 보기에는 멀쩡해 보이는 그루터기도 고주박이가 되어 발로 툭 치자 힘없이 부서지는 것처럼 나 또한 그리되어 갈 것이지만, 자식들의 정신적 지주로 남아 있었으면 하는 바람이다.

가족의 한 모퉁이를 자리 잡을 나의 그루터기는 과연 얼마 동안이나 남아있게 될 것인가.

떨켜

마지막 가랑잎마저 바스락거리며 시린 흙으로 돌아간다. 이제야 본바탕을 내보이는 나무는 차가워질수록 되려 담백해지고 선명해진다. 한 계절 내내 수없이 끌어당겨 마음을 빼앗던 고운 단풍, 그것은 어쩌면 떨켜로 인해 나무와 단절되는 처절한 아픔의 몸짓이 아닐는지.

떨켜 층은 나뭇잎과 가지를 접합해 주는 부분으로 코르크처럼 단단한 세포층으로 형성된다. 떨켜가 형성되면 나뭇잎은 더는 수분을 공급받지 못하게 되면서 엽록소는 점점 파괴되고 저마다 가지고 있던 다양한 색을 드러낸다. 울긋불긋 알록달록 아름다운 옷을 갈아입은 나뭇잎들이 바람의 장단에 맞춰 즐거운 파티를 시작한다. 황홀한 파티가 끝나면 조용히 낙하한다.

> 버려야 할 것이/무엇인지를 아는 순간부터/나무는 가장 아름답게 불탄다/ 제 삶의 이유였던 것/ 제 몸의 전부였던 것/ 아낌없이 버리기 로 결심하면서/나무는 생의 절정에 선다…. - 도종환의 〈단풍 드는 날〉-

잎을 스스로 떨어트리는 매듭은 혹독한 겨울에 수분을 저장하기 위해 미련 없이 잎새를 떨군다. 수분을 공급받지 못한 잎새는 더 버티지 못하고 떨어진다. 나뭇가지에 대한 미련도 아쉬움도 모두 내려놓는 잎새의 순응이 아름답다.

잎새는 이렇게 사계절의 변화에 순응하며 자신을 버리고 죽어서도 거름이 되어 다음 해 새 생명을 위해 희생한다.

나에게도 떠나보내야 할 것을 보내지 않으려고 하는 것이 단 하나 있다.

아이들에게 기대어 사는 나는 아이들이 결혼으로 내 곁을 떠날까봐 벌써 걱정이 앞선다. 둘 아이 중 하나만이라도 곁에 두고 있어야 안심이 되고 안정될 것만 같은데 모두 떠나면 어떻게 혼자 살아가야 할지 그 무게가 벌써 전이되어 온다. 엄마의 마음을 알기라도 하듯 아들은 결혼하더라도 엄마와 합가하여 살겠다고 한다. 엄마의 안위를 걱정하는 마음은 고맙지만, 합가는 서로가 불편할 것 같아 내가 반대하는 처지다. 생각 끝에 아들을 결혼시키게 되면 내가 사는 아파트의 옆 동에 집을 마련하여 언제든지 만나고 서로가 필요할 때 편한 차림으로 드나들게 하면 좋을 것 같다는 생각이 들었다.

이런 나를 두고 친구는 그것은 집착이라며 일침을 놓았다.

"그런 생각은 아예 생각조차 하지 말아! 자식이 행복하길 바란다면 너의 마음에서 우선 자식을 떠나보내야 해. 자기들끼리 알아서 살아가도록 하고, 간섭과 관심도 적당히 끊도록 해야 돼."

친구의 단호한 충고에 정신이 번쩍 들었다. 자식은 태어날 때 탯줄을 자르면서 첫 번째로 분리되어 하나의 독립된 인격체로 살아가도록 가르쳐야 한다 . 두 번째 분리는 결혼이다. 자식과 떨켜가 제대로 이루어지지 않으면 자식이 정체성을 찾기도 어려울 뿐 아니라, 내 삶도, 자식의 삶도 없어질 것이다. 자식은 자신들의 색깔로 세상을 채색해 나가야 한다. 물감을 모두 섞으면 검정이 되는 법이다.

부모는 때를 알고 떨궈야 할 때가 오면 지혜롭게 떼어 놓는 법을 알아야 함을 이제야 알 것 같았다.

우리 인생에서 또 떨쳐버려야 할 것은 지나친 근심이나 부정적인 생각이다. 한때, 켜켜이 쌓아 놓은 묵은 생각과 서운함을 무겁게 지고 다니면서 나를 분노하게 했다. 이것들은 정신적, 육체적 건강마저 빼앗으려 달려들었다.

결국, 버리지 못해 한때 범불안 장애를 안고 살아야만 했었지만, 지금은 그것에서 벗어나 홀가분한 마음으로 행복을 느낀다.

버려야 할 것을 아낌없이 버릴 때 진정한 자유가 찾아옴을 깨닫는다.

감나무 집

깡마른 감나무 나뭇가지마다 뾰쪽하게 얼굴을 내밀고 있던 새순이 왕성한 단오 양기를 받고 한층 무성하게 가지를 뒤덮는다.

며칠 지나자 푸르른 잎사귀 사이로 병아리 입 모양을 한 노란 꽃들이 올망졸망 눈에 띄기라도 할까 꼭꼭 숨어 피어났다. 물기를 머금은 앙증맞은 감꽃은 잎사귀에 가려있어도 그 기운이 눈길을 잡아끈다. 다음날 가보니 감나무 밑에는 감꽃 몇 송이가 이내 땅으로 떨어져 내려져 있다. 싱그럽고 풋풋한 감꽃은 그 옛날 상구네 집 이야기를 소환했다.

아내를 셋이나 거느린 상구 아버지는 체격이 6척 장신인 데다가 강원도 사투리를 썼기 때문에 강해 보였다. 논 마지기나 소유하고 있던 탓에 누구도 함부로 하지 못했다. 큰 부인은 자그마한 체구에 쪽찐머리로 늘 종종거리고 다녔다. 강릉에서 이곳으로 시집을 와서인지 동네 사람들은 그녀를 강릉댁이라고 불렀다. 큰 부인은 아이를 낳지 못한 탓에 첩을 들여도 아무 말 못 하고, 둘째 부인이 낳은

삼 남매를 거두었다.

첫째가 봉순이, 둘째가 정순이, 막내가 상구였다. 둘째 부인은 키가 훤칠하고 얼굴이 희고 광대뼈가 유난히 돋아나 있었다. 그러나 성품이 온순해 큰 부인과 그런대로 큰소리 없이 지내는 것 같았다. 그것이 아니었어도 자신의 아이들을 거두는 큰 부인 앞에서 죄를 지은 듯 기가 죽어 지냈다. 둘째 부인은 처음 몇 년은 집을 들락날락하더니 아예 아래채에 거처를 마련했다. 두 아내를 둔 대가인지 상구 아버지 표정은 늘 굳어 있었다. 나는 상구 아버지가 환하게 웃는 모습을 단 한 번도 보지 못했다. 그러던 어느 날 셋째 부인이 딸을 데리고 들어왔으니 그 집안의 불협화음은 불 보듯 뻔한 일이었다. 결국, 셋째 부인은 딸아이를 놓고 나가 버렸다. 네 아이의 뒤치다꺼리는 큰 부인의 몫이었다. 어린 내가 보기에도 도무지 이해가 가지 않았다. 다행히 아이들은 큰 부인을 '엄마'라 부르며 잘 따르는 것 같았다.

상구네 뒤란에는 감나무가 서너 그루가 있었다. 얼마나 오랜 세월이 흘렀는지 감나무 가운데가 움푹 패어 시커먼 속이 그대로 드러났다. 보지 않아도 이 나무가 먹감나무라는 걸 짐작할 수 있었다. 이맘때면 뒤란을 뒤덮은 감나무 가지가 담장 너머에까지 흐드러지게 노란 꽃을 피웠다.

나는 아침 일찍 눈을 뜨면 우선 상구네 뒤곁으로 향했다. 담장 아래에는 밤새 떨어진 감꽃이 길섶에 소복하게 깔려 있었다. 꽃송이를 하나 주워 씹으면 달착지근하면서도 풋풋한 향이 입안에 가득 고였다. 무릎까지 내려오는 치마폭에 감꽃을 한가득 주워 와 목걸이도 만들고 팔찌도 만들었다. 목에 건 목걸이에서는 온종일 감꽃 향기가 코끝으로 스며들었다. 감꽃이 다 떨어질 때까지 새벽이면 감꽃을 주우러 갔다. 담장 너머 부엌에서는 아침밥을 준비하는 큰댁과 작은댁이 눈에 들어왔다. 아무 말 없이 제 할 일을 하는 두 사람 사이에 적막이 흘렀다. 어린 나는 왜 두 사람 사이가 궁금했을까, 그만큼 상구네의 가족관계는 동네 사람들에게 큰 관심사였다.

상구가 중학생이 되자 둘째 부인은 어찌 된 일인지 눈에 보이지 않았다. 성격이 급하고 다혈질인 상구는 사춘기를 맞으며 질풍노도의 시간을 보냈다. 큰 부인은 하나밖에 없는 대종손이 잘못될까 봐 늘 노심초사했다. 큰 부인의 마음을 헤아리지 못하는 상구는 자유로운 영혼이었다.

가끔 새벽 첫 통학차 안에서 옥색 한복을 단정히 차려입고 차에 올라타는 상구 큰엄마를 만날 수 있었다. 아들이 다니는 학교에 담임선생님과 면담이 있다는 것을 알 수 있었다. 이번에는 무슨 사고를 쳤기에 저리 서두르시는 걸까? 콩나물시루 같은 버스 안에서 이리저리 휩쓸리는 상구 엄마의 깡마른 몸이 더욱 안타깝게 보였다.

둘째 딸 정순이는 얼굴이 반반했다. 초등학교 때 갑상샘 제거 수술을 한 후로 목 중앙에 흉터 자국이 길게 자리 잡고 있었다. 한여름에도 정순이는 손수건으로 늘 목을 감싸고 다녔다. 상업고등학교에 입학하면서 정순이는 무용반에서 활동하기 시작했다. 무용반은 의상비며 참가비와 기숙사비가 만만치 않았다. 농사꾼 자식이 무용반에서 활동하기는 뱁새가 황새 따라가는 격이 되었지만, 동네 아이들은 정순이를 부러워했다.

그런 정순이 또한 방황의 시간이 비껴가지 않았다. 반반한 얼굴 탓에 남학생들과 잦은 탈선으로 2학년이 되면서 퇴학을 당하고 말았다. 어느 날 하굣길에 정순이와 두 눈이 딱 마주쳤다. 문이 열린 단란주점 안에서 정순이는 짙은 화장을 하고 하의 실종한 의상을 걸치고 있었다. 우리는 서로 두 눈이 마주친 채로 서로 아무 말 하지 못하고 말았다. 정순이 나이 그때 열여덟이었다.

먹감나무는 겉으로 보기에는 표시가 안 나지만 잘라보면 먹이 들어간 듯 시커먼 자국이 선명하게 나타난다. 겉으로는 멀쩡한데 속으로는 고통을 제 안으로 온전히 껴안고 성장하기 때문이다. 먹감나무가 되려면 고욤나무에 감나무 접붙이기를 할 때 갈라진 틈새로 물이 들어가거나, 감을 딸 때 상처 난 부위에 빗물이 스며들어 부분

적으로 검게 나타나기도 한다. 감나무로 스며든 물은 먹물이 든 것처럼 꺼멓게 번져 세월이 흐를수록 먹물 자국은 수묵화를 그려 놓은 것 같은 효과를 낸다. 먹감나무가 스스로 고통을 치유하며 만들어 내는 먹물은 담채화로 오랜 세월, 온갖 풍파에 시달리고 달구어져 더 진한 문양으로 예술적 가치를 더한다. 이 모양은 자연 가구로 만드는 데 있어 아주 귀한 재목으로 목공들에게는 귀중한 대접을 받는다.

강릉댁에게 첩의 아이들은 살 속을 파고드는 먹물이었다. 긴 세월의 아픔의 상흔은 그녀를 더욱더 짙은 문양을 품게 했다. 강릉댁에게는 내 것은 없고, 내 것이 없다 한들 근심하지 않는 수도자의 모습이었다. 강릉댁의 지난 한 일생은 안으로 먹물로 물들여 종부의 자리를 지켜내며 한 가문을 이뤄낸 여인의 값진 표상이었다.

내가 결혼하고 몇 년 후 친정집에 갔을 때 상구네는 모두 타지로 떠나고 없었다. 옛정이 그리워 감나무 아래로 갔다. 세월의 더께를 간직한 감나무는 노거수가 되어 뒤곁을 지키고 있었다. 숱한 세월이 지나고 나서 다시 보았지만 느낌은 똑같이 살아있었다.

6월이 오고 이렇게 감꽃이 떨어질 때면 그 집의 안부가 궁금하다.

감자꽃 필 무렵

어머니의 가르마 같은 밭고랑에 하얀 감자꽃이 줄지어 피었다.

여름의 문턱인 소만이 되면 밀과 보리가 이삭을 밀어 올리고, 이 산 저 산에서 '뻐꾹뻐꾹' 뻐꾸기가 울어대면 산비둘기는 '꾸우욱 꾹꾹' 이중창으로 화음을 맞춘다. 길모퉁이에는 찔레꽃이 유년의 추억을 가져오고, 때죽나무에 하얀 꽃이 수줍은 듯 고개 숙인다. 자연이 연주하는 백색소음에 바람마저 오수에 졸고 있는 이맘때면 모든 산야가 푸르고 하늘과 물빛까지 푸르러 마음도 한결 가벼워지고 밝아진다. 힐링의 계절을 말하라면 바로 '지금'이라 말하고 싶다.

향기롭지도 그렇다고 그다지 아름답지도 않은 감자꽃에 자꾸만 눈길이 가는 까닭은 무엇일까. 옹기종기 소박하게 피어나는 감자꽃도 자세히 살펴보면 마음을 끄는데도 열매를 맺기 전에 마구 잘려 나가니 슬픈 운명을 타고난 꽃이기 때문일지도 모른다.

감자꽃 필 무렵이면 하얗고 맑은 꽃을 닮은 여인이 그리워진다.

거짓 없고 순수한 그녀의 얼굴을 보고 있노라면 온갖 시름이 사르륵 녹아든다. 그녀는 목소리부터 조용하면서도 차분하다. 감정이 실리지 않은 따뜻한 목소리에는 누구든지 그녀의 모든 부탁을 들어 주게 된다. 그녀 또한 무리한 부탁을 하지 않는다. 정직한 삶을 고수하며 가슴 속에 숨겨둔 여린 불씨를 피우고 척박한 삶에서도 소망을 일궈내는 삶이 눈물겹다. 흔들림조차 잔잔하게 스며들게 하는 마력에 꾸밈이 없어 더 정이 가고, 가식이 없어 더 믿게 되는 사람이다. 따뜻한 마음과 심성 고운 아름다움은 그녀의 직업만으로도 알 수 있었다. 일찍이 계룡산 근처에 가마를 걸어놓고 도자기를 빚으며 살고 있던 그녀가 처음으로 대전 ○○ 문화원에서 다기茶器 전시회를 한다고 할 때 대단한 친구를 둔 것만 같아 덩달아 우쭐했던 생각이 났다. 그 후로 수년에 한 번씩 열리는 도자기 전시회에서 그녀를 만날 수 있었다. 우리 집 거실 장에는 그녀의 작품 몇 점이 놓여 있다. 마음이 시끄러워져 오는 날에는 그녀가 만든 다기에 녹차를 따르며 마음을 정리하곤 한다.

지금은 청도에 작업실을 두고 30년 가까이 전통적인 분청도자기 작업에 몰두하고 있다. 도자기 모습 또한 그녀의 모습을 닮아서인지 무채색이다. 전통적으로 편안한 색감과 단아한 형태로 질박함과 백색의 미를 추구하며 그녀만의 독특한 감각으로 흙에 생명력을 담아내고 있다.

김동인의 「감자」가 아니더라도 감자꽃에서는 엷은 우수가 배어 있는 듯하다.

사실, 감자꽃은 생육환경이 좋지 않을 때 스트레스를 많이 받기 때문에 꽃이 피어난다. 가진 것이 없는 그녀가 척박한 땅에 뿌리를 내리고 둥지를 트느라 가녀린 꽃을 철철이 피워내야만 했다. 그러나 고난의 짙은 우수가 눈물로 변하기 전 그녀의 노력과 도전은 도예가로서 세상에 알려지게 되고, 전통도자기 장인으로 무한궤도를 달리고 있다. 결혼도 하지 않고 60 성상을 홀로 가꾸어 낸 도예가의 삶이었다.

그녀를 생각하면 하얀 꽃이 줄기와 뿌리로 양분을 보내어 땅속에서 옹골진 결실을 보는 감자꽃을 닮았다는 생각을 늘 하곤 했다.

빨간 뱀딸기가 익어가고 노란 애기똥풀꽃이 펴도 아무도 오지 않는 시골길, 푸른 바다로 물결치는 감자의 푸른 잎이 파노라마처럼 펼쳐지고 있는 들녘은 허기진 나의 마음을 말없이 안아 준다.

이제, 한 달 남짓이면 토실토실 감자가 빈 바구니에 가득 담길 것이다. 그러면 나도 같이 풍요로워질 것이다.

제3부

낙엽비

은행나무길을 꼭 한번 걸어보리라는 다짐이 11월이 되어서야 이루어졌다. 은행나무길로 향하는 내내 달뜬 마음은 벌써 황금빛으로 물들었다. 시간 반 만에 도착한 은행나무길은 아쉽게도 고운 빛을 모두 떨구고 이미 돌아누웠다. 너무 늦게 찾아왔다. 앙상한 가지만 남긴 나목만이 맞이해 주었다. 가을을 밝히려 새봄부터 숱한 날들을 잎새에 모으며 화려한 장막을 펼쳐놓더니 제구실을 끝내고 가야 할 곳으로 찾아 떠난 것이다. 이미 나무 밑동으로 떨어진 은행잎은 내년을 간직하고 단풍에서 낙엽으로 생을 뒤집는 중이었다.

은행나무를 '살아있는 화석'이라 한다. 신생대에 번성했는데, 고생대인 2억 7천만 년 전 화석도 발견되었다니 말이다. 긴 세월, 많은 기후환경의 변화에도 살아남은 은행나무의 비결은 무엇일까. 그것은 환경 적응력이 뛰어나기 때문이라고 한다. 은행나무는 자기 보호력 강화를 위해 악취를 내뿜는다.

떨어진 은행을 요리조리 피하면서 걷는 사람들의 모습이 재미있다. 은행잎은 떨어졌지만, 은행 나뭇가지 사이로 비추는 늦가을 햇볕이 따뜻했다. 하나의 끝남은 또 하나의 시작을 의미한다. 가을이 가면 겨울이 오고 그러면서 다른 세상이 우리 앞에 펼쳐질 것이다.

만추의 1번지 문광저수지, 사계절 변주곡을 울리는 은행나무에 비해 변함이 없는 저수지는 정적靜寂이다. 파란 하늘과 하얀 구름을 품어 안은 저수지는 작은 일렁임조차 없이 잔잔하다. 저수지 안 좌대에는 인적은 없고 수십 개의 낚싯대만 입질을 기다리고 있다.

은행잎 길을 벗어나자 저수지 주변으로는 둘레길이 조성되어 있어 걷기에 그만이었다. 산 아래 잔도 길은 물 내음과 숲 향기가 피어올라 발걸음을 가볍게 했다. 반영에 흔들리는 수상 식물을 바라보며 걷는데 갑자기 '휘리릭' 산바람을 타고 낙엽이 우수수 온몸을 감싸 안는다. 기분 좋은 낙엽 비이다. 이런 비라면 온종일 맞아도 기분 좋을 것만 같다.

지금껏 살아오면서 얼마나 많은 비를 맞아야만 했던가, 시도 때도 없이 내리는 비를 맞으며 피하지 못하고 노배기가 되어 살아야만 했던 지난날, 왜? 내게 그래야만 하느냐고 묻지도 않았다. 그것은 내 힘으로는 막을 수 없는 일이었다. 그런 날이 찾아올 때마다 그저 심재 군은 은행나무처럼 심지를 굳히고 흔들리지 않았다. 비가 온 땅이 더 굳듯이, 비 갠 뒤 하늘이 더 맑고 깨끗하듯이 고통이 지나고 나니 나를 단련시키기 위한 것임을 알게 되었다.

이렇게 추풍낙엽이 휘날리는 날이면 지난날을 돌아보게 한다.

나는 과연 도덕과 윤리 앞에서 성숙한 사람으로 살아가고 있는가, 지금의 위치에서 어떤 사람, 어떤 존재로서 살고 있는가, 다른 이들에게 득得이 되고 있는지, 실失이 되고 있는지 나 자신은 정녕 모르고 살아오고 있다. 이런 질문에 바로 말해 줄 수 있는 사람이 곁에 있다면 그래도 낙제의 삶을 살고 있지 않는 것이다.

낙엽 비는 뻣뻣이 굳어 있는 몸과 마음에 춤추듯 내렸다. 쏟아져 내리는 낙엽을 잡아보려 손을 뻗었다. 걸음은 자꾸 앞으로 나아가는데 낙엽은 멀리 날아가 손에 잡히지 않았다. 삶에서도 늘 그래왔던 것처럼, 흩날리는 낙엽을 보니 구르몽의 시 '낙엽' 한 구절이 생각이 난다.

> 시몬 너는 좋으냐/ 낙엽 밟는 소리가
>
> 발로 밟으면 / 낙엽은 영혼처럼 운다

가까이 오라 / 우리는 언젠가 낙엽이니

가까이 오라 / 밤이 오고 바람이 분다

가을은 떠나야 하기에 아쉬움으로 비를 내리고, 낙엽비로 융단을 깔고 계절과 화려하게 이별한다. 이 낙엽비가 그치고 나면 겨울은 찬비를 데려올 것이다. 자연 현상들이 자연의 법칙에 따라 일정한 방향성을 가지고 나아가듯 나 또한 변화하는 이 세상의 흐름 속에서 세상을 있는 그대로 수용하며 순리의 삶을 살아갈 것이다.

터전

가난하던 시절, 땅뙈기 하나 없는 척박한 곳에서 일평생을 한 곳에서 터전을 일구며 사신 부모님은 밤낮으로 호미질을 멈추지 않으셨다. 결실과 관계없이 터전이 있다는 것만으로도 축복으로 여긴 부모님은 해가 갈수록 지경이 넓혀지는 터전을 바라보시며 흐뭇해하셨다.

봄이 오는 텃밭에는 참나물, 민들레, 취나물이 터전을 이루었고, 풀과 나무들도 그 자리에서 번져나갔다. 미물인 풀벌레조차 생명의 의식을 내포하고 사는 고향은 내 삶의 근원지이다. 앞산 부모산에 해가 뜨면 일과를 시작해 뒷산 독립산으로 해가 지면 하루를 접는다. 고향은 그렇게 자연에 순응하며 원초적인 생명력으로 숨을 쉬고 있다. 학창 시절 나를 성장시킨 건 고향의 물과 바람과 들판이었다. 지금도 고향 하늘을 바라보면, 그 시절 뛰놀면서 체득한 모든 것들이 재생되어 잠든 세포를 깨운다.

지금, 지구촌에는 수많은 사람이 자신들의 터전을 잃기도 하고 떠나기도 한다. 잉카문명의 고대도시 마추픽추를 떠나 아마존 상류로 터전을 옮겨간 잉카족을 시작으로 지금도 내전과 치안의 위협으로부터 생명의 위협을 느끼며 고향을 떠난다. 시리아 내전으로 국민은 난민으로 표류하고, 아프가니스탄 내전은 미군이 철수하자 아슈라프 가니 대통령은 나라를 버리고 국외로 급히 도피했다. 나라의 수장을 잘못 만난 국민은 뿔뿔이 흩어져야만 했다.

일 년 전 러시아의 침공으로 800만 명 우크라이나 국민은 자신의 터전을 떠나 피난길에 올랐다. 이 가혹한 현실을 보면서 그 아픔과 절망감이 그대로 전이되어 온다.

터전을 잃는 경우로는 기후 변화도 한몫한다. 마다가스카르는 가뭄뿐만 아니라 사이클론으로도 알려진 열대성 저기압과 폭우로 생명 위협당하고 있기에 그곳 터전이 오히려 위험지역으로 변해만 간다.

나와 가까운 지역에서는 올여름 장맛비로 제방이 무너져 예상치 못한 시민들이 희생을 당해야만 했고, 가축과 농경지는 폐허로 변했다. 하루아침에 터전을 잃은 수재민들은 하늘을 원망할 수밖에 없었다. 이곳도 안전하지 못한 지구촌이다.

사람은 누구나 자신만의 터전만은 어머니 자궁 속 같은 안락하고 편안한 곳을 원하지만, 세상은 빠르게 변하여 간다. 하루가 다르게 전쟁과 재해, 산업과 개발로 자신의 터전을 보존하기가 어려워지고 있다. 다양한 이유로 사라져 가는 터전을 떠나 이제는 머무는 곳에 여러 개의 낚싯대를 드리우며 살아가 야할 지혜가 필요해졌다. 어디서든 자신에게 주어진 터전에서 삶을 일구며 살아가는 것이 당연하게 되었다.

각자의 터전은 손길이 만든다. 농부는 양식을, 기술자는 생활의 편리함을, 요리사는 맛있는 음식을, 의사는 고귀한 생명을, 예술가는 감동의 손길이 만든다. 각자의 손은 자신이 처해 있는 터전에서 단 하나뿐인 세상을 만들어 간다. 터전은 곧 그 사람이 살아가는 의미이자 존재이기도 하다.

내가 소유하고 있는 터전이 하나 있다면 그곳은 작은 글밭이다. 아직은 어쭙잖은 글솜씨로 애를 쓰고 있지만, 신념과 성찰을 주는 글을 캐내지 못하고 있다. 글을 쓰고 나면 어설픈 표현이나, 서툰 문장도 많다. 언제나 이 터전에서 다디단 샘물을 끌어 올릴 수 있을는지 모른다.

소설가 황석영은 "글은 엉덩이로 쓴다."라고 말했다. 글쓰기의 근원은 오래 앉아서 생각하고 생각을 기록하는 노력과 함께 뒷받침되는 체력이 있어야 한다고, 실한 열매를 거두기에는 아직은 더 많이 시간이 필요하겠지만, 조금씩 따뜻한 햇볕이 나를 향해 비추고 있다는 걸 느낄 수 있다. 이렇게 나를 키우고 나를 살찌우는 옥토에서 오늘도 행복으로 가는 지도 위에 터전을 잡아 본다.

석양 아래 듣는 기타소리

요즈음 출퇴근길에 아들이 작곡한 록(rock) 음악을 즐겨 듣는다. 본 조비나 콜드플레이, 베피 클라이로 음악을 듣고 있노라면 힘이 나고 활력이 솟는다. 무엇보다도 얼마 전 일본으로 밴드 활동을 떠난 아들을 만나고 있는 것 같아서 행복하다.

음악은 처음에는 귀로 듣는다. 귀로 듣다 보면 마음으로 듣게 되고 마음으로 듣는 단계가 넘어서면 심장으로 듣게 된다. 한 곡 한 곡 각기 다른 음색과 리듬은 록을 좋아했던 아들은 이들의 음색과 감각적인 리듬을 닮아가고 있다.

이들의 음악은 무한 반복으로 들어도 들을 때마다 새롭게 들려온다. 그래서 명곡이 아닌가 싶다. 편안한 집을 떠나 낯선 외국에서 넉넉지 않은 생활비로 버텨내고 있는 아들을 생각할 때마다 좀 더 완강하게 만류하지 못한 것이 후회될 때도 있지만, 아직은 젊은 나이니까 뭐든 잘 해내리라는 믿음이 나 스스로 위안하며 지내고 있다. 앞으로 많이 배우고 경험을 더해 좋은 음악을 만들어 주길 기대하고 있다. 엄마처럼 좋은 음악을 듣고 힐링이 되고 마음의 위로가 된다면 이 또한 가치 있는 일이 아닐까 한다.

이제는 대중음악이 미디어, 기술이 변하기 시작했다. 대중음악을 통하여 역사적, 미학적, 철학적 관점에서 인정받고 존재가치를 증명할 때가 왔다는 생각이 든다.

오늘, 퇴근길은 고요한 저녁 하늘빛이 핑크빛 노을이 물들기 시작했다. 이런 분위기에는 록 음악보다는 부드러운 기타 연주가 어울린다. 이렇게 아름다운 하늘 아래 '타레가'의 명곡 '알람브라 궁전의 추억'의 기타 소리를 듣는다면 금상첨화이다. 석양 아래서 운치가 더 살아나는 이 곡은 애잔한 선율과 연속적인 트레몰로 주법으로 마음을 사로잡는다. '알람브라 궁전의 추억'의 기타 음악은 그곳의 추억을 소환해 왔다.

몇 해 전 스페인 그라나다의 알람브라 궁전을 가본 적이 있다. 해질 녘 궁전은 붉은 성벽과 어우러져 눈물이 날 만큼 아련하고 아름다웠다. 서글픈 역사를 지닌 궁전은 수많은 음악가에게도 많은 영향을 끼쳤다. 관람하는 내내 타레가의 기타 연주의 선율이 들려오는 듯했다. 타레가는 그의 제자이자 유부녀인 콘차 부인을 짝사랑하여 고백하였으나 거부당했다. 실의에 빠진 타레가는 스페인을 여행하다가 이곳 궁전을 접하게 되고 궁전의 아름다움에 취하여

이 곡을 쓰게 되었다고 한다.

아들이 떠나가기 전 통기타를 가르쳐 주었다. 클래식 기타를 배우려면 먼저 통기타를 먼저 익혀야 쉽다고 했다. 통기타를 한 달가량 배웠지만 이미 굳어버린 손가락은 말을 듣지 않았다. 코드를 잡는 것조차 마음대로 안 되고 악보를 보는 것도 어려웠다. 긴 손가락은 기타를 연주하기에 타고났다고 하지만 앞으로 큰 노력이 있어야 아름다운 소리가 날 것 같다.

클래식 기타를 좋아하게 된 것은 영화 '금지된 장난' OST '로망스'를 듣고 나고부터였다. 그 연주를 듣고 있으면 어느 곳에 있던지 그 공간이 따뜻해지고, 마음이 진정되며, 생각을 정리하게 된다. 지금도 내 가슴 한쪽 깊은 곳에 숨겨 두고 위로받고 싶을 때마다 꺼내어 듣곤 했다. 어서 빨리 '로망스'를 기타로 잘 연주하여 다른 이들과 감성을 함께 나누고 싶다.

러시아의 우크라이나 침공은 진정할 기미가 보이지 않는다. 이 엄청난 불협화음은 전 세계에 경제적으로 큰 손실을 가져다주었다.

이 두 부류의 대립 속에 화해의 음악이 흐른다면 질서정연한 대위법을 배열하진 못해도 진실은 왜곡되지 않게 될 것이라는 생각에 이른다.

우리나라도 북한과의 불협화음은 조용할 날이 없다. 툭하면 쏘

아대는 북한의 미사일, 정냉경냉(政冷經冷)으로 뒤섞인 살벌한 대립이어서 끝이 나고 평화 체제, 화해, 공동번영으로 안정된 화음으로 들려오길 기도 한다.

석양은 서산을 넘어가고 차는 어느덧 집 앞 주차장에 멈춰 섰다. 보이스톡이 울리며 화상 전화기 속에서 반가운 아들의 얼굴이 뜬다. 이 시간만큼은 세상에서 가장 아름다운 선율이 흐른다.

이마

'세밑의 흰 밤이었다/어둡게 앓다가 문득 일어나/ 벙어리처럼 울었다/ 내가 오른팔을 이마에 얹고/ 누워있었기 때문이었다/ 단지 그 자세 때문이었다' - 허은실, '이마' 중에서-

아무도 없는 방 안에서 작가는 신열이 오르는 자신의 이마에 오른팔을 올리고 있다. 보호자 없이 혼자서 앓고 있는 서러운 모습이 내게도 전이되어 왔다.

며칠째 편두통으로 고생하고 있는 딸아이의 이마를 짚어 본다.

혹시 코로나에 걸린 건 아닌지 가슴이 덜컥 내려앉는다. 다행히 열은 없지만 PCR 검사를 받아봐야 안심할 수 있을 것 같아 보건소로 갔다. 다음 날 새벽, 검사 결과가 휴대폰에 '음성'이라고 문자가 왔다. 가슴을 쓸어내리고 병원에 가서 처방전을 받아왔지만, 그 통증은 쉽게 가라앉지 않는 모양이다. 편두통에 도움이 된다는 국화차와 초콜릿을 권해본다. 딸은 잊을만하면 찾아오는 편두통으로 늘 걱정이 든다.

어릴 적, 열이 올라 끙끙거리고 누워있으면 엄마는 손을 갖다 내 이마에 대고 기도를 하셨다. 간절히 기도하는 엄마의 목소리는 자장가처럼 따뜻하고 안심이 되었다. 그렇게 한참 푹 자고 나면 몸이 거뜬했다.

무거운 하루를 짊어지고 바삐 움직이는 사람들이 이마를 바라본다. 하루를 보내기 위해 많은 생각과 계획, 행복과 고단함도 이마 위에 피고 진다.

하얗고 고운 이마는 자존심과 자존감, 감정의 변화에도 지배받는다. 여자라면 아름답고 예쁜 이마를 갖기 위해 이마를 수술하여 좋은 인상을 받기 위해 위험도 무릅쓴다. 남들처럼 동그란 이마를 갖고 태어나지 못한 나는 엄마를 닮아서 내 이마가 이렇게 생겼다고 투정 아닌 투정을 한 적이 있다. 한때는 예쁜 이마를 갖고 싶어서 성형외과에 가서 상담도 했지만, 직장생활로 긴 시간을 낼 용기가 나지 않아 수술을 포기하고 말았다. 다행히도 나이가 들어가면서 연륜이 쌓이며 이마 모습도 변해갔다.

얼굴의 인상은 아무리 아름답게 포장한다 한들 내면에서 나오는 인성은 감출 수가 없다. 하루에도 수백 번씩 표정을 바꾸는 이마는 머릿속에 풀지 못할 문제들이 쌓이면 자신도 모르게 찌푸리게 된다.

물리적 세계와 심리적 세계의 양면성을 대변하는 이마는 두 눈빛과 같이 거짓이 없다.

삶이란 희로애락이 교차하지만 기쁨과 즐거움보다는 노여움과 슬픔이 더 많은 게 보편적이다. 특히 요즘 예기치 않은 코로나19로 인하여 소상공인과 자영업자들의 주름진 이마를 보면 나 자신도 모르게 내 이마에 주름이 간다. 102년 전 스페인 독감으로 세계적으로 5천만 명이 넘게 목숨을 잃었고, 52년 전 홍콩 독감은 다음 해 초반까지 세계로 확산하면서 75만 명이 사망했다. 23년 4월까지 코로나로 인한 세계 사망자 수가 2500만~5500만 명이다. 한 사람이라도 더 살려내려고 안간힘을 쓰고 있는 의료진의 이마에 맺힌 땀방울은 이야말로 거룩한 의인의 징표이다.

인도의 힌두교 여성들은 이마에 빨간 점(빈디)을 찍는다. 이마는 생명의 기운(차크라)이 모이는 곳이고 전해지기 때문이다. 기혼여성이 그리는 빈디는 남편의 장수를 기리고 자신이 과부가 되지 않길 바라는 뜻이 담겨있다. 그리고 가정의 평화가 오길 바라는 마음에서 이마에 점을 찍는다. 종교적 상징으로 빈디는 신성한 눈을 의미하며 힌두인으로서의 자부심이고 신령스러운 능력을 의미한다. 그들은 이마에 빈디를 그림으로써, 자신의 지혜가 강화되어 더욱 신성해지고 인생에 있어 용기를 가지고 행동하며 긍정적인 사고방식을 가지게 한다고 믿는다. 일종의 샤머니즘이겠지만 모든 행동의 결과는 마음에서 비롯되는 것이니 마음을 가꾸는 것이 무엇보다 중요하다는 생각에 이른다.

요즘 모든 사람이 이마에 손이 올라간다. 기후 변화로 인한 재앙, 전쟁으로 인한 고물가, 경기 불황, 높은 실업률로 지구촌은 신열을 앓고 있다. 이러한 고통에서 벗어나기 위해 자신만의 종교를 숭배하면서 위로를 받고 안정을 찾는다.

우리 모두 이마에 빈디라도 찍고 마음을 모아 기도할 때가 온 것 같다.

딸아이가 정상 컨디션을 되찾고 밝아졌다.

자신은 자신이 신열을 느낄 수 없다. 누군가의 손이 내 이마를 짚어 준다면 그 사람은 분명 행복한 사람이다. 그러나 내가 누군가의 이마에 손을 짚어 줄 수 있다면 나는 더 행복한 사람이다.

나목

가까이 다가가 볼수록 앙상한 속살은 누구에게도 곁을 내주지 않을 듯 까칠하다. 온기마저 모두 달아난 이 나목을 박수근 화백은 선을 굵고 힘차게 표현했다. 살갗이 터지고 허리가 뒤틀린 나목처럼 인간의 존엄성이 짓밟히고 유린당하는 전쟁의 위기 속에서 흔들리지 않는 민중의 늠름하고도 의연함을 화폭에 담았다. 그의 기법은 회백색의 화강암과 독특한 마티에르와 단순한 검은 선의 기법을 주로 사용했다. 그는 나목은 다시는 피우지 못할 고목이 아니라 잠시 성장을 멈추고 있는 것이라고 했다. 전쟁으로 닥쳐온 어려운 한 시기를 극복할 것을 염원하며 민중의 믿음을 강하게 표현함은 민족을 다시 일으키는 힘이었다. 언제 끝날지 모르는 전쟁 속에도 그는 봄은 반드시 온다고 믿으며 위안과 희망을 놓지 않았다.

잎도 꽃도 떨군 앙상한 나무들이 산을 부옇게 덮고 있는 등산로를 걷는다.

나무들은 나목이라는 이름을 달고 산속을 수묵화로 붓칠해 놓았다. 이 삭막함이 오히려 마음을 비우게 하여 차분해져 온다.

나목으로 산객을 받아들이는 산은 깊은 사색에 잠겨있다. 아직은 알싸한 봄바람이 머리를 시리게 하지만 산은 봄기운으로 온몸을 샤워시킨다. 산은 아무나 들이기 싫다는 듯이 좁은 길은 끝까지 긴장을 놓지 못하게 했다.

나목은 허구가 가미되지 않은 선함과 진실함이 그대로 나타나며, 치장하지 않고 향기마저 함부로 뱉지 않는다. 푸른 옷과 색을 벗은 대신 살갗이 터지고 뒤틀린 허리를 말없이 보이며 오로지 절개와 수행을 입었다.

이런 나목 같은 길목을 넘어온 그가 여기 잠들어 있다. 우리는 고교 3학년 때 만났다. 학창 시절을 함께 보내며 지내다 보니 어느새 그는 나의 절친인 남편이 되어있었다.

동그란 얼굴에 아담한 키, 서글서글한 눈매, 순박한 모습은 누구나 다가가기에 편안하게 대했다. 가난한 농부의 아들로 장남의 짐을 짊어지고 아래로 두 동생을 보살펴야 했지만, 긍정적인 성격은 모든 이들을 유쾌하게 했다. 불어오는 바람을 그대로 맞고, 비마저 간직하지 아니하고 그대로 흘려보내는 욕심 없는 사십여 년 공직 생활은 전형적인 서생의 모습으로 그를 서기관으로 임명했다. 치장하지 않은 수더분한 외모에 성실과 열정만이 그가 가진 전부였다. 차분한 자기성찰로 친구들이 '장 그턱'이란 별명을 붙여주었다. 변함이 없다는 말이다. 위선의 잎을 입고 사는 몇몇 친구들은 내세우지 않는 그의 자존감을 은근히 부러워했다. 그는 상대의 마음을 여는 힘이 있었고, 대화를 유창하게 하지 않아도 존재감이 있었으며, 매력적으로 보이려고 무리한 노력도 하지 않았다, 말 잘하는 사람보다는 말을 하게끔 만드는 사람이었다. 늘 곁에서 거목처럼 흔들림 없이 몸짓 하나하나에서 풍겨 나오는 여유와 아우라는 꾸미지 않아도 빛이 났다.

정년하면 마음껏 날아다니며 살겠다며 새도 아닌데 산속에 갇혀 살았다. 은퇴 후 전원에서 아침저녁으로 텃밭 채소에 물을 주고 열매를 따면서 자신을 택한 아내를 위해 세계 일주를 꿈꾸며 여유자금을 모아 두었다.

그런데 정년을 한 해 앞둔 어느 날부턴가 소변이 시원찮게 나왔다. 대수롭지 않게 여겼지만, 날이 갈수록 무언가 심각해져 오는 걸 느꼈을 땐 이미 암세포가 온몸을 장악하고 있었다. 전립선에서 방광암으로, 방광에서 신장으로 급기야 전신으로 전이된 암은 발병 일 년 만에 그는 우리 곁을 떠나고야 말았다. 늘 함께 있으리라는 다짐을 버리고 모두에게 배신자가 되어버린 그는 언제나 남들

보다 한발 앞서더니 저세상도 한발 앞서 가버렸다.

앙상한 나목에서 그의 순수한 기운이 끝없이 스며 나온다. 그가 수목장으로 누워있는 나무 앞에 섰다. 검은 교복에 모자를 눌러쓴 남고생의 모습을 닮은 나목이 심장을 끌어 잡아당긴다. 나목으로 서 있는 수목은 그가 남긴 정겨움으로 외로움을 떨쳐내고 산을 따뜻하게 품고 있었다. 나무는 대답한다. 겨울 산으로 들어가면 마음이 따뜻한 것은 진실을 드러내는 나목의 순수함으로 품어주기 때문이라고, 세속의 욕심을 겹겹이 입고 올라온 사람들도 산에 오르면 가면을 벗어 던지고 나목이 되어 진실함을 드러낸다.

봄 중에 가장 좋은 봄은 '다시 봄'이라 했던가, 곡우가 되면 연록 빛 새순을 수줍게 입고, 여름이 오면 녹음 짙은 옷으로, 가을이 되면 곤룡포를 갈아입고 다시 만날 그를 생각하니 이 자리가 더욱 애틋해져 온다.

나뭇가지 사이로 비추는 새 빛은 눈물방울의 빛이다. 자세히 보니 가지마다 작설이 일제히 발아하기 시작했다. 망울망울 싹을 품은 나무가 투명한 햇살 아래 빛난다.

그는 참 괜찮은 나목이었다.

겨울 손님

평소 전원주택을 꿈꾸어 오던 고향 친구가 퇴직하고 조용한 산기슭에 집을 마련했다. 어릴 적 고향의 추억을 떠올리며 전원주택을 짓고 여유 있는 노후를 보내고 싶은 꿈을 이룬 것이다. 지난 일 년 동안 지은 주택은 30여 년 동안 힘들고 어려운 직장생활을 잘 마친 자신에게 주는 큰 선물이자 보상이었다.

알싸한 찬바람이 두꺼운 패딩 옷을 파고드는 토요일 오후, 고향 친구들과 함께 그가 안내한 주택 마당에 들어섰다. 수려한 자연경관 속에 자리한 집은 산 그림자가 드리워 아늑했다. 아스팔트 슁글 지붕과 고풍스러운 파벽돌로 마감을 한 담장은 산속의 꽃송이처럼 서 있었다. 집안에 들어서자 훈훈한 공기와 함께 편백 향이 그윽하게 풍겼다. 새집답게 세간살이가 모두 반짝반짝 빛이 났다. 주부의 손길이 아직 못 미친 주방에는 이태리풍 엔틱 식탁 위에 꽃무늬 찻잔이 손님을 기다리고 있었다. 직장 일로 아내가 내려오지 않은 이 전원주택에 초등학교 여자 친구 셋이 모였다. 모처럼 손님을 맞는 남자친구는 들뜬 마음에 말이 많아졌다.

"너희가 알아서 챙겨 먹어라."

이 말 한마디에 곰솥 같은 여자 친구들이 주인을 제치고 내 집인 양 이곳저곳을 뒤적이며 주인 행세를 했다. 집 구경을 마친 우리에게 이곳 이장에게 선물로 받았다며 친구는 투박한 손으로 토종꿀 한 병을 꺼내 놓았다. 꿀차를 마시며 이 집을 설계하면서부터 완성하기까지의 과정을 낱낱이 설명하는 친구는 여유로운 생활을 맘껏 즐길 일만 남아 보였다.

무엇보다도 이 집이 마음에 든 것은 드넓은 배란다 창이었다. 정면으로 산새가 아름다운 뷰가 한눈에 들어왔다. 탁 트인 정원에는 잔디밭과 담장을 대신한 편백 나무와 반송이 멋스럽다. 담장을 끼고 심어 놓은 아직은 회초리 같은 반려 목이 바람에 쉴 새 없이 흔들린다. 세월이 가면 나무가 자라고 파릇한 잔디 정원이 운치를 한층 더 할 것이다.

옛이야기로 시간 가는 줄 모르고 빠져 있을 때 뜻밖에 반가운 겨울 손님이 찾아왔다. 온종일 참고 있던 찌푸린 하늘에서 눈발이 날리기 시작하더니 급기야 목화송이 같은 눈이 펑펑 내리기 시작했다. 모두는 첫눈 오는 날 만나자고 약속한 사람들처럼 반가워했다.

하얀 눈을 보면 과거의 나를 만난다.

이렇게 눈이 오는 날이면 밖은 오히려 고요했다. 소창(小窓)을 통해 내리는 눈발을 바라보고 있노라면 공연히 가슴이 설렜다. 눈이 한번 내리기 시작하면 바깥출입은 엄두를 못 냈다. 다행히 함박눈은 겨울 방학 때 많이 내렸다. 이렇게 폭설이 계속 내릴 때면 친구들과 동화책에 푹 빠져 살았다. 지금도 기억나는 안데르센 동화집이나 "아라비안나이트"천일야화는 호기심 많은 나를 잠재우지 않았다. 동화책 못지않게 만화광이 되기도 했다. 지금도 어렴풋이 생각나는 민애니 작가의《행주치마》,《과수원 길》같은 순정 만화를 보며 동심을 키웠다.

그칠 줄 모르고 내리는 하얀 눈은 가려야 할 일이 많고 덮어야 할 것이 많은 이 풍진 세상을 모두 덮어 버리고 있다. 각처에서 부지런히 살아온 친구들, 풍족하진 않지만 모자라지도 않은 삶을 살고 있다. 고향 친구들을 만나면 뿌리 깊은 나무처럼 안식과 흔들림이 없다. 강물과 같은 친구들이다. 강물은 절대 산을 넘을 수 없지만, 그 산을 품고 굽이굽이 돌아 만나듯이 순리에 역행하지 않고 지고지순하게 살아온 친구들이다. 주는 만큼 받고 받은 만큼보다 더 주려고 하는 친구들이기에 그들 앞에 서면 서로가 무장 해제된다.

그 소녀 소년들이 이제 은퇴하고 은발 머리로 다시 만나 노년의 들판을 걸어간다. 몸은 무성했던 잎이 된서리를 맞은 듯 시들하고, 머리는 반 백발로 얼굴의 주름도 무심해지는 나이지만 오히려 향기가 난다. 빛을 감춘 원석들이 저마다 보석으로 가공되어 오래도록 빛을 내는 초로의 친구들은 안데르센 동화와 같은 영혼 불멸의 믿음이 있다.

겨울 손님을 맞이한 전원주택은 각진 지붕을 눈으로 둥글게 쌓아 놓듯이 우리의 우정도 둥글게 쌓아 놓는다.

추락

광주아파트 신축 현장에서 일어난 외벽 붕괴 사고는 시공사가 그동안 쌓아온 이미지를 한순간에 추락시키고 말았다. 이 사고로 인하여 회사는 저평가되어 코스피 최악의 PER를 보여주며 초대형 악재로 이어졌다. 안전과 함께 추락한 이 기업은 신용을 다시 얻기까지 얼마나 많은 시간과 노력이 필요할지 모를 일이다.

추락의 사전적 의미는 '높은 곳에서 떨어짐'이다. 사람에게서도 추락의 모습을 볼 수 있다. 마냥 빛날 줄만 알았던 삶에 어느 날 예고 없이 찾아온 큰 사고나 중병이 추락으로 끌고 가기도 한다. 이때는 사막에 홀로 떨어진 것 같은 심한 절망감과 두려움을 느끼게 된다.

요즘, 근무하고 있는 회사 대표님이 병마와 사투하는 모습을 바라보며 삶의 의미를 다시 한번 생각하게 되었다. 책임지고 기업을 이끌어야 할 사람이 젊은 나이에 뜻을 접어야 한다면 충격이 아닐 수 없다. 추락은 급전직하로 견딜 수 없는 고통이 찾아온다. 그로 인한 여파는 주변 사람들마저 날개마저 접게 한다.

그러나 이 힘든 절망 속에 있더라도 "추락하는 것에는 날개가 있다."라고 말한 오스트리아 시인 잉게보르크 바하만의 시적 메시지가 희망을 준다. 간절한 소망만 있다면 희망이 찾아올 것이라는 마음으로 견뎌내는 것이다.

다섯 달 만에 치료를 끝내고 돌아온 대표님을 보게 된 날, 빛이 나던 풍채는 온데간데없이 바짝 마른 몸이 되어 나타나셨다. 그 모습을 보는 순간 거친 모래에 쓸리듯 마음이 쓰라렸다. 20킬로가 빠진 모습은 실로 충격이었다. 차마 시선을 마주치지 못했다. 암세포와 싸워 이겨 내느라 한쪽 폐를 절단하고 항암, 방사선으로 병마와 싸우며 천신만고 끝에 돌아온 용사였다. 그나마 치료할 수 있다는 것만 하여도 얼마나 다행스러운 일인가.

악성중피종은 예후가 매우 나쁘다는 말까지 하시면서도 애써 괜찮다는 듯 고통을 감추었다. 사업체를 직원들에게 맡긴다며 마지막 부탁을 하는 모습이 마음을 더 아프게 했다. 잠시 말씀을 남기고 가시는 모습을 또 볼 수 있을는지 대표님에게 남은 시간이 짧기만 했다.

간혹, 뉴스에 보도되는 희망조차 없는 또 다른 추락의 얼굴이 있다. 그것은 위신이나 명예가 땅에 떨어짐을 의미한다. 한때 세상을 풍미하던 정치인, 교수가 성범죄, 성 추문으로 한평생 일궈 온 노력이 물거품으로 사라지는 경우이다. 이들은 욕심과 교만의 날개를 달고 끝없이 질주하다가 하루아침에 추락하여 모든 걸 잃게 되었다. 이런 사람들을 볼 때면 그리스 신화 이카로스의 추락이 떠오른다.

이카로스는 날개에 붙인 밀랍이 녹아내리는 것도 모르고 태양 가까이 날아오르다 추락하고야 만다. 이처럼 교만과 탐욕은 밀랍으로 붙여놓은 허망한 날개와도 같아 녹아내릴 수밖에 없다. 한때는 남에게 없는 날개가 달려 행복하겠지만, 그 날개가 머지않아 제구실하지 못할 때는 바닥으로 추락하고야 만다. 탐욕과 교만은 결국 추락과 동일시된다.

이번 광주 사고로 인한 추락은 안전 불감증에서 비롯되었다고 한다. 조급함과 빨리빨리 문화가 만들어 낸 결과물이다. 매일 뉴스를 보면서 사건 사고가 없는 날이 없을 정도로 세상은 인재 위험에 빠져 있다. 산업현장에서 최고의 무사고는 안전과 예방이다.

방심은 모든 사고의 원인이다. 한순간 방심으로 큰 부상을 입거나 생명을 마감하는 노동자들을 보며 산업재해는 언제나 우리 곁에 도사리고 있음을 명심해야 할 것이다.

3년 전부터 설마 하는 방심이 감염병 팬데믹으로 이어져 세상을 추락시키고 있다. 코로나19는 일상을 빼앗고 수많은 고귀한 생명을 하루아침에 무참히 빼앗아 갔다. 세월이 갈수록 비극과 참사로 삶의 날개를 잃게 하는 오늘날, 편안한 일상 속에서 추락하지 않는 삶을 이어갔으면 좋겠다.

추락과 반등을 거듭하며 사는 것이 인생이지만, 잊지 말아야 할 것은 추락한 후 어떻게 대처하는가에 따라 하늘이 돕는다는 사실이다.

지금, 우리 모두에게 기적의 잉게보르크 바하만의 날개가 다시 찾아와 훨훨 날아오를 것을 기도한다.

※ PER 이란, 주가에 예상 순이익을 나눈 것이다. 만약 주가가 낮고 예상 순이익이 높다면 PER은 낮아지며 주가가 높고 예상 순이익이 낮다면 PER은 높아진다. 그 말은 즉, PER 수치가 낮을수록 회사의 실적에 비해 주가가 저평가되어 있다는 뜻이며 PER 수치가 높을수록 회사의 실적에 비해 주가가 고평가되어 있다는 뜻이다. 주가는 낮은데 순이익이 높으면 저평가고 주가는 높은데 순이익이 낮으면 고평가이다.

죽음의 묘약

내 인생 가장 잘생긴 배우, 적어도 지금의 5, 60대에게 미남 배우의 대명사는 이 남자 '알랭 들롱'이다. 추억 속 배우를 소환시킨 건 그의 뜻밖의 선택 때문이다. 알랭 들롱이 '건강이 더 나빠지면 안락사를 선택하기로 결심했다.'라는 보도가 나왔다. 들롱은 인터뷰에서 "안락사는 가장 논리적이고 자연스러운 것이다"라고 말한 바 있다.

그는 자신이 세상 떠날 순간을 정하면 임종을 지켜봐 달라고 아들에게 부탁했다는 것이다. 2019년 뇌졸중 수술을 받은 뒤 건강이 급격히 악화한 그는 현재 스위스에 살고 있다. 그도 이제 한국 나이로 여든여덟이다. 그 멋진 얼굴에도 세월의 흔적은 내려앉았다. 들롱이 안락사를 선택할 거란 소식에 나는 갑자기 이정표를 잃은 듯 혼란스러웠다.

세상에는 여러 가지 유형의 배우가 있다. 아름다웠던 한때의 모습으로 기억 속에 남는 배우가 있는가 하면 곁에서 함께 함께 울고 웃으며 오랫동안 함께 늙어가는 배우가 있다.

내 청소년 시기를 차근차근 복기해 본다. 시골 촌뜨기 초등학생은 도시 중학교에 입학하면서 도시 학생과 문화 차이로 늘 주눅이 들어있었다. 그때 영화광이었던 짝꿍 덕분에 다시 무릎을 세우고 한 걸음 한 걸음 걸어 나갈 수 있었다.

그러니까 중 3학년 가을이었다. 고등학교 입시로 인해 빠듯한 시간임에도 불구하고 극장으로 향할 수밖에 없었던 것은 순전히 알랭 들롱 때문이었다. 하굣길에 친구는 학교 담벼락에 붙여진 '에바의 연정' 영화 포스터를 보고 오늘 당장 극장에 가자고 했다. 그날 저녁, 극장 특유의 냄새를 맡으며 둘이서 나란히 앉아 알랭 들롱의 흑발과 코발트 빛 두 눈동자에 푹 빠졌다.

그는 애수에 젖은 푸른 눈동자로 당시 프랑스 누아르 영화에 정점을 찍었다. 간지 나는 미모는 어느 각도로 카메라를 들이대도 깔끔하게 선이 떨어졌고 수려한 윤곽은 별다른 대사 없이도 무슨 말을 하는지, 뭘 표현하는지 눈빛으로 다 말해주었다. 멜로가 아닌 누아르 영화의 배역은 그가 굳이 아이스크림에 뜨거운 커피를 부어 떠먹는 아포카토적 설정으로 그가 출연한 모든 영화가 이율배반이라는 생각이 들었다.

알랭 들롱의 첫 히트작 '태양은 가득히'에서는 화면 속에 코트

깃을 세우고 중절모 눌러쓴 냉혹한 범죄자 연기는 눈을 뗄 수 없는 아름다움과 서늘한 멋이 있었다. 그의 제스처와 말투, 그에게서만 풍겨 나오는 관능미, 감미로운 목소리는 사춘기를 앓고 있었던 내 심장에 화각처럼 새겨졌다. 나는 그의 작품이 좋든 나쁘든 그것이 그리 중요하진 않았다. 스콜피오, 부메랑, 볼사리노, 카사노바, 고독한 추적 등 그가 출연한 작품 중 적어도 2~30여 편은 보았을 것이다.

수없이 극장을 드나들며 나는 소녀에서 청년으로 급성장했다. 영화를 관람하다가 학교 생활지도부 선생님에게 발각되어 반성문을 여러 번 썼지만 나를 성장시킨 것은 학교가 아닌 영화였다고 말한다.

나의 성장통의 묘약은 바로 들롱이었다. 알랭 들롱을 보면서 의지와 인내, 모든 사고와 행동에서 '멋'이라는 내재적 가치의 지향점을 찾을 수 있었고 내가 다른 애들과 달리 이해하고 양보하며 지낼 수 있었던 것은 순전히 그의 영향을 받았기 때문이라고 생각했다.

배우의 완벽한 집약체이자 영원한 레전드로 자리 잡은 그를 떠날 수밖에 없었던 것은 결혼이었다. 결혼 후 육아로 인하여 그에 대한 덕질은 끝이 났지만, 그의 타고난 외모는 변하지 않으리라고 절대평가 하며 살았다.

그러던 그를 오늘 병상에 누워있는 모습을 보면서 물리적 시간은 그 누구도 거스를 수 없다는 당연성을 깨닫게 되었다.

요즈음, 각종 학회와 연구소에서는 존엄한 죽음을 위해 어떻게 죽음을 준비해야 하는지 연구하고 세미나를 열고 있다. 불교계에서도 웰 다잉 교육을 통한 명상치유 프로그램을 운영하기도 한다. '어떻게 하면 삶을 아름답고 품위 있게 마무리할 수 있을까?' 웰다잉은 죽음의 과정을 이해하면서 존엄한 준비하는 과정이다. 혹자는 웰 다잉은 그가 살아온 삶이 웰빙이어야 만이 가능하다고 했다. 거짓과 위선이 없는 삶을 사는 사람이 얼마나 될까? 그러나 적어도 자기 죽음의 단계에서 '나는 누구에게 어떻게 기억되고 싶은가?'라는 물음 앞에 분명하게 답할 수 있는 삶이어야만 웰빙으로 살아왔다고 볼 수 있을 것이다. 죽음의 묘약은 바로 웰빙이라는 생각에 이른다.

죽음을 앞둔 알랭 들롱, 나는 그가 삶을 스스로 포기하지 않길 바란다.

고목생화가 더욱 존귀한 것은 마지막 남은 꽃잎 한 장에 지나간 시간이 모두 깃들어 있기 때문이다. 그가 존재함으로써 나의 아름다운 시절도 살아있게 될 것이다.

가을의 노래

상강을 앞둔 들녘 풍경이 확연히 달라졌다. 노랗게 익어가는 벼이삭은 논배미마다 노란 지단을 가득 부쳐 놓았다.

"계절이 지나가는 하늘에는 가을로 가득 차 있습니다."

윤동주 님의 시와 자연적인 색채에 감동하며 깊은 쉼을 가져본다.

내게는 가을 들녘이 가장 최고의 여행지다. 산과 들에 모든 것이 가득하니, 다 주어도 남음이 있기 때문이다.

가을의 한복판 들녘에 서서 로보(Lobo)의 I'd Love You To Want Me 곡을 듣는다. 이 계절에는 은은하고 고요한 지고이네르바이젠 과 같은 클래식 감성 음악이 더 어울릴 법도 하지만 나는 이 음악이 좋다. 이 노래만큼 날 흔드는 노래는 없었다. 70년대 팝송 팬들을 사로잡은 추억의 이 곡은 시공을 넘어 사라질 만도 하건만 가슴 절절히 파고드는 미묘함 감성은 마력처럼 빠져들게 한다. 미끄러지듯 이어지는 선율은 초콜릿처럼 달콤하고 Lobo의 감미로운 보이스, 포크의 환상적 리듬은 갈빛 우수를 덧입혀 전신을 감싸 안는다.

들녘의 바람과 파란 하늘, 전곡에 천국의 주파수가 섞여 있는 듯한 음률. 이러한 요소들은 훌륭한 시너지로 몸과 마음을 빛나게 해 준다.

누군가를 그리워하게 하는 이 음악, 누군가의 아픔을 위로해 주는 음악이다.

> "그대여, 난 당신이 날 원했으면 좋겠어요/ 내가 당신을 원하는 것처럼 말이에요~~"/-중략-

내 마음의 문을 열어 무한리필로 반복 재생되는 이 노래, 수많은 팝송 중에 유일하게 끝까지 따라 부를 수 있는 곡이다.

언젠가 남도 여행 중 선상에서 통기타를 치며 이 음악을 연주하던 무명 가수 얼굴이 떠오른다. 지금은 잘 기억이 나지 않지만, 남자가수 노래는 여행의 감성을 더해 주었다. 그날, 사회에서 만나 연이 이어온 친구가 고백했다. "나 사실 고아였어." 이 말을 듣고 얼마 동안 공허한 마음을 가라앉힐 수 없었다. 나이 사십이 넘어 고아 아닌 사람이 얼마나 있으랴 만은 처음부터 그녀가 고아였다는 말은 충격이었다. 그녀가 언니와 동생 사이에서 다른 핏줄로 살아온 것에 대한 현실이 가슴을 먹먹하게 했다. 그래서 그리 어딘지 모르는 쓸쓸함이 보였던 것일까, 생각할수록 자꾸 목이 메워오던 그날 밤, 잠자던 영혼을 흔들어 깨우는 듯한 이 음악을 들으며 그녀는 싸고 있던 베일을 한 꺼풀 한 꺼풀 벗겨냈다.

그 후로도 마음이 삭막해질 무렵이면 홀연히 찾아드는 이 노래로 감성을 촉촉하게 채워주었다.

여행의 설렘이나 우울함도 쓸쓸함도 모두 포용하는 이 노래, 누굴 향해 뜨거움이 차오를 때도, 마지막 이별까지도 해갈 시켜주는 노래이다.

시월의 주말 오후, 엄마가 좋아하는 음악을 위해 아들이 들녘에 섰다. 석양이 지는 기찻길을 배경으로 이 곡을 연주했다. 철길이 이어지는 곡선을 따라 연주가 매끄럽게 퍼져나간다. 선상이 아닌 철길에서의 공연은 나름대로 색다른 연출로 유튜브를 뜨겁게 달구게 될 것이다. 아들이 통기타 컴퍼니를 운영하는 덕분에 이 같은 시간을 함께 보낼 수 있으니 축복이 아닐 수 없다. 아들의 콘텐츠 계정인 인스타, 유튜브, 블로그에서 영상을 언제든지 감상할 수 있어서 좋다. 새로운 영상을 만들기 위해 인기 많은 장소를 찾아다니면서 동생은 촬영을 담당하고 나는 뒤에서 자질구레한 일들을 도와주고 있다. 새로 올리는 영상 조회 수가 하루 만에 6,000명이 넘어가는 것 또한 큰 즐거움이다. 또 다른 기쁨은 영상을 계획하면서 의견을 나누고 공유하면서 가족의 사랑을 확인할 수 있어서 더 감사하다.

이제 곧 있으면 나뭇잎도 들풀도 발갛게 물들일 것이다.

가을은 점점 많은 것들을 건져낼 것이다. 그리고 점점 내 마음도 앗아갈 것이다.

가을이 아름다운 것은 각자의 자리에서 온 힘을 다해 자신의 이름으로 열매를 맺기 때문이리라.

진주 목걸이

6월이 오니 때 이른 무더위가 기승을 부린다. 출근 때마다 자연히 목이 시원하게 파인 V넥이나 U넥 라인의 옷을 자주 입게 된다. 휑한 목 부위를 장식할 무엇인가 필요해 서랍을 뒤져보니 우윳빛 진주 목걸이가 눈에 들어온다. 잠자고 있던 목걸이를 목에 거니 목에 닿는 시원한 촉감이 기분 좋고 분위기 또한 한결 우아해 보인다.

이 목걸이는 10년 전 회사 동료들과 북경 여행 중에 진주 목걸이만 파는 상점에서 산 것이다. 의심이 일어 이로 살짝 깨물어 보니 아삭한 느낌이 들었다. 진주를 깨물어 보아 매끈매끈하면 인조 진주라는 말을 들었기 때문이다. 고가는 아니지만 천연 진주 고유의 우윳빛 광택이 고급스럽다. 사서 처음에 몇 번 착용하고 긴 시간을 서랍에 고이 모셔두고 있었다.

수많은 보석 중에서는 가공하지 않고 형태 그대로를 사용하는 유일한 보석이 진주이다. 그러므로 진주의 상징은 순결, 청순, 사랑, 부귀와 젊음을 나타낸다. 또 '비너스의 눈물', '달의 눈물'이라는 극찬의 은유적 표현을 붙이기도 한다. 예전에는 '눈물'이라는 말 때문에 결혼식 예물로 기피했으나, 지금은 다이아몬드의 화려함보다는 조개의 아픔이 없이는 만들어질 수가 없다는 점에서 신부의 순결함·고귀함·우아함의 매력을 가진 선물로 여긴다.

허영심이 아니라고 해도 진주는 여인들의 손가락이나 목걸이로 착용하며 허기를 달래고 세월을 빛나게 한다. 더욱이 서로의 사랑의 증표로 갖게 된다면 그 가치는 더욱 크게 된다.

진주가 약한 여자의 눈물로 형상화되지만, 사실 진주를 만들어 내는 모체 조개가 건강하지 않으면 절대 아름다운 진주를 만들어 낼 수 없다. 평생을 끌어안고 고통을 승화시키는 일상을 견뎌 낸 진주조개만이 진주의 어미가 되는 것이다. 눈물겨운 아름다운 모성을 말해 준다. 이 세상 어머니들은 한결같이 '진주와 같은 눈물'로서 가정을 이뤄내고, 세상을 환하게 밝혀나가고 있다.

박경리 선생은 "어느 분야에서든 최고가 될 수는 없지만, 사는 동안 애정하는 무언가가 있다면 진주가 고통을 감내하는 세월도 지나기 마련이다."라는 말로서 희망을 제시했다.

진주를 몸에 부착하고 있으면 사람 몸에 열량을 제공하고 기력을 높여줘 젊음을 유지해 주며, 사람 피부를 보호하고 면역력을 높여준다고 한다. 그래서인지 영국의 엘리자베스 여왕은 진주를 자주 애용했다. 2022년, 96세로 서거한 엘리자베스 2세 여왕은 마지막 순간에 금색 결혼반지와 진주 귀걸이 단 두 점의 보석만 착용한 상태로 안장해 달라고 했다고 한다.

미국 부시 전 대통령의 모친인 바버라 여사가 92세를 일기로 별세한 영결식장에 참석한 추모객 중에는 가짜 진주 목걸이를 걸고 온 사람이 많았다. 바버라 여사는 평생 수수하고 소박한 모습으로 목에는 언제든 가짜 진주 목걸이를 트레이드마크처럼 하고 다녔기 때문이었다.

프랑스 소설가 모파상의 '진주 목걸이'는 인간의 삶은 끝없는 외형주의를 좇다가 결국 허무주의에 빠진다는 내용이다, 마틸드가 잃어버린 진주 목걸이가 가짜임을 알았더라면 그 긴 세월 동안 허무한 삶을 살지 않아도 되었을 것이다. 작가는 이 글에서 눈에 보이는 가치보다는 보이지 않은 가치를 중시하라는 메시지를 던져주고 있다.

험한 세파를 견뎌내며 보석으로 탄생한 진주처럼 이 나이가 되어 순결, 사랑, 부귀가 느껴질 수 있는 사람이 되었는지 거울 앞에 서 볼 일이다. 생김새도 낱낱이 다르고, 겪어 온 세월도 다르겠지만, 자신이 살아온 삶의 왕관에 고귀한 진주로 장식되길 바라는 마음이다.

제4부

구절초

구절초가 만개하는 가을! 영평사永平寺가 구절초에 묻혀있다.

소박하고도 청초한 모습으로 피어나 소슬바람에 가녀린 몸을 맡긴 채 하늘거리는 꽃들이 있다. 쑥부쟁이, 해국, 들국화, 구절초다. 보는 이의 눈을 아리게 하는 가을꽃이다. 모두가 작고 하얗고 깨끗한 에델바이스를 닮았다. 이맘때면 기억도 아스라한 그 시절, '사운드 오브 뮤직' 명화 속 '에델바이스' 노래가 들려오는 듯하다. 폰 대령의 감미로운 노래 뒤에는 나치를 피해 알프스 국경을 넘어야만 하는 비장함과 절박함이 담겨있어 심금을 울렸다.

절간 진입로에서 시작된 구절초 군락은 일주문을 지나 대웅전과 요사채 뒤편 산비탈에서 절정을 이뤘다. 법당 주변은 온통 구절초 꽃으로 보는 이들에게 눈 보시布施를 한다. 3만여 평 산비탈을 온통 뒤덮은 구절초, 이곳에 내가 찾고 있던 풍경이 있었고, 잃어버린 정신적 유산을 되찾은 친근하고 익숙한 내음이 있었다.

박용래 시인은 "누이야, 가을이 오는 길목 구절초 매디매디 나

부끼는 사랑아, 구절초 매디매디 눈물 비친 사랑아, 머리핀 대신 꽂아도 좋을 사랑"이라고 노래했다. 영평사의 구절초는 주지 환성 스님이 25년 전부터 평소 꽃을 좋아하는 길에 핀 한 송이 야생화를 옮겨 심은 것이 장군산 자락 일대를 가득 메우게 되는 시작점이 되었다고 한다. 꽃이 만발하는 이 기간엔 마치 하얀 눈이 내린 듯 장관을 이루며 찾는 이들을 맞이한다. 반짝이는 가을 햇살과 축제의 음악 소리가 꽁무니바람처럼 밀려온다. 영평사 안으로 긴 행렬이 눈에 띄었다. 국수를 먹기 위한 행렬이 국수 가닥처럼 길다. 축제 기간에는 사찰음식 전시와 시식 행사도 열렸다. 점심에는 구절초로 만든 국수를 공양하며 구절초 차도 맛볼 수 있었다.

법화경에 이런 말이 있다. '어린아이가 장난으로 모래에 막대기로 부처님의 모습을 그리거나 모래로 탑을 만들어도 이것이 인연이 되어 언젠가는 성불하게 되리라'라는 구절이 있다. 마찬가지로 국수 공양을 받은 사람들도 나눔을 실천하라는 의미로 행하고 있는 것이라는 생각이 들었다.

이날 세종 챔버 오케스트라의 오페라 '라 트라비아타' 공연을 볼 수 있었다. 깊고 중후한 목소리와 풍성하고, 관능적인 음색이 악기 다루듯 자유자재로 조절하는 성악가들의 노래가 산사를 타고 넘나들었다. 거의 모든 가사가 자막 없이 노래로 이루어지는데도 쉽게 공감할 수 있었다. 마치 알프스에서 들려오는 환상의 하모니처럼 심금을 울렸다.

구절초로 둘러싸인 둘레길 아래까지 밤나무가 지천이었다.

바람이 휙리릭 지날 때마다 땅바닥에 알밤이 뚝 뚝 떨어져 굴렀다. 가끔 밤송이까지 날아와 뜻하지 않았던 횡재를 만났다. 한 톨 한 톨 주워 담다 보니 어느덧 한 되박은 족히 되었다. 이 또한 부처님의 공양이 아닐는지.

음력 9월이 되면 구절초를 채집해 그늘에 말려 두었다가 해산한 딸이 오면 달여 주시곤 했던 어머니. 꽃말이 순수인 구절초는 어머니의 사랑이듯이 푸근한 마음을 갖게 한다. 깊어가는 저녁, 아니 계신 어머니의 마음이 숨어 우는 바람처럼 옷깃을 헤집는다. 영평사에 핀 구절초는 산사와 어우러져 보물인 양 내게로 다가왔다. 이제는 '구절초' 하면 영평사를 자연스럽게 떠올리게 된다.

멈춰버린 시간

사십 년 만에 이 시장을 다시 찾아온 이유는 딸아이가 단편영화 찍을 장소를 물색하러 돌아다니던 중이었다. 단편영화 프로듀서를 자처한 딸의 머릿속에는 멜로영화 한 편이 기획되고 있었다. 세상으로부터 유폐된 아들의 이야기. 그 아들이 사는 곳은 가장 빈곤하고 가장 허름한 공간이어야만 했다. 딸에게 선뜻 이 시장을 추천한 것은 영화 촬영에 가장 적당한 장소일 거란 생각했다. 그리고 사십여 년 전 근무했던 곳을 보고 싶어서였다.

다시 찾은 ○○시장은 첫 발자국부터 생각했던 것보다도 훨씬 충격적이었다. 한낮인데도 주변은 음산한 기운이 감돌았고 상가 안은 대부분 어둡고 습한 냄새로 가득했다. 가게마다 꽉 닫힌 문은 부식되어 쇳빛 애환과 상처로 얼룩진 모습이다. 80년대 이 시장은 인근에 대농 방직공장, 맥슨전자. AMK 전자 공장이 자리를 잡으면서 서부지역 유통상권의 중심지 역할을 해왔다.

나의 20대 청춘이 서려 있는 이곳은 시장 한복판에 "○○ 신협"

간판을 걸고 이 시장의 금융 수단을 전적으로 도맡았던 곳이기도 했다.

아침 업무가 시작되면 상인들이 동전을 바꾸러 줄지어 들어왔다. 서민 금융의 조합원으로 이루어진 신협은 한 가족처럼 편안한 모습으로 아침을 시작했다. 저녁 마감 시간이 임박해 오면 하루의 수입을 통장에 입금하며 환하게 미소 짓던 상인들이었다. 그 덕분에 우리 신협은 지역에서 실적이 아주 높았다.

이곳에 오기 전까지만 해도 상인들은 지금쯤은 큰 부자가 되어 여유 있는 모습으로 만날 거로 생각했지만, 예상 밖으로 놀라움이 컸다.

그 당시 시장의 터줏대감이었던 성진 미용실, 성도약국, 복대철물, 유명오토바이, 명신당은 한 곳도 보이지 않았다. 이미 사라진 간판과 어쩌다 남아있는 간판은 언제 떨어질지 모를 정도가 위태로워 보였다. 하나같이 너덜너덜한 모습으로 허물을 벗은 상점 상호는 흡사 쓰나미가 휩쓸고 지나간 것만 같았다. 시장 내부는 더욱 심각했다. 비를 막기 위해 임시방편으로 두꺼운 천으로 덮었던 천장은 낡고 찢겨 져 있고 신협이 있던 곳은 폐허로 변했다. 불과 50m 남짓에 있는 반대편 대로변의 고층빌딩과는 이질감마저 느껴질 정도로 이곳은 시간이 멈춰 있었다.

다행히도 아직도 그 자리에 신협 조합원이었던 형제방앗간 주인을 만나 이야기를 들을 수 있었다.

이 시장이 이렇게 된 것은 '주상 복합 재건축'으로 조합원과 시행사의 다툼으로 재개발이 무산된 지 십여 오 년이 넘었다고 했다.

이곳을 아직도 떠나지 못하고 있는 방앗간 주인은 옛 모습은 온데간데없었다. 1980년대 시장의 태동기부터 현재까지 40여 년간 방앗간을 운영하며 자리를 지켜왔다는 그는 "김 양도 많이 변했구먼," 하면서 함께 했던 옛 직원들의 안부를 물어왔다.

떡방앗간 아저씨를 통해 영화를 찍기에 적당한 장소를 두어 곳을 안내받았다. 이곳은 애초부터 이 영화를 위해 세워진 영화 세트장 같다는 생각이 들 정도로 안성맞춤이었다.

며칠 뒤 배우와 스태프들이 모두 모였다. 촬영 시 위험할 수 있어 안전진단을 하고 촬영해야만 했다.

'레디, 액션' '컷' 감독의 목소리가 울려 퍼진다.

촬영은 3일 동안 무사히 촬영을 마쳤다.

언제 회복될지 모르는 이 시장의 문제는 서로 간의 주장과 입장을 이해함에 있을 것이다. 그 간극의 차를 좁히려 노력하는 자세가 선행된다면 서로가 평화롭게 공존가능 할 것이다. 그리고 번영했던 그 시간을 되찾을 수 있을 것이다.

참새에게 속죄를

동짓달 성마른 바람이 눈 쌓인 소나무 가지를 흔든다. 눈꽃이 핀 나뭇가지에 앉았다가 날아가길 반복하는 참새를 물끄러미 바라보고 있으려니 그것 또한 재미있다. 참새들이 패딩을 입은 것처럼 털 찐 모습이다. 참새는 먹을 것이 없어 보이는 나뭇가지를 열심히 쪼아 대다 날아가 버린다. 모처럼 참새들의 자유를 본다.

어렸을 적에는 참새가 참 많았다. 미루나무, 버드나무, 탱자나무, 흙담 위에도 참새들이 노는 모습을 흔하게 볼 수 있었다. 지금이야 참새를 보호하려는 생각이 가득하지만 어릴 적에는 잡아먹고자 하는 본능이 컸다.

겨울방학이 되면 오빠들은 참새 잡는 일로 시간을 보냈다. 잡는 방법은 다양했다. 헛간 초가지붕 처마에 구멍을 뚫고 들어가 잠자는 참새를 손을 넣어 잡았다. 잡힌 참새를 받아서 들면 따뜻한 깃털이 손바닥 안에서 파닥거렸다. 재미를 느낀 오빠는 점점 기구를 이용하기 시작했다. 탄성이 좋은 참 사리를 구부려 벼 이삭을 매

단 덫을 짚단 더미 위에 놓았다.

다른 방법으로는 삼태기를 세워두고 그 안에 나락이나 쌀을 놓아두고 참새가 들어오길 눈꼽아 기다렸다. 그러나 이런 방법으로는 약삭빠른 참새를 쉽게 잡을 수 없었다. 어쩌다 걸려든 참새들을 아궁이 잉걸불에 구워 껍질을 벗기면 기름기가 전혀 없는 빨간 속살이 나왔다. 내장을 제거하고 바짝 구운 참새를 뼈까지 오독오독 씹으면 내 뼈가 튼튼해지는 것만 같아서 좋았다.

참새 다리 하나를 얻어먹는 날에는 힘이 불끈 솟았다. 얼마나 맛이 좋으면 참새 다리 하나를 소 한 마리와도 바꾸지 않는다고 했을까, 운이 좋은 날에는 꿩이 잡히기도 했다. 언니와 나는 오빠가 잡아 온 꿩의 가슴과 목 주변 부드러운 깃털을 뽑았다. 색깔이 고와서 작품을 만들기에 좋았다. 알록달록한 깃털을 모아 스케치북에 밑그림을 그리고 칼로 살짝 틈을 내어 하나씩 꽂으면 멋진 작품이 완성되었다.

겨울이 되면 도시에 사는 막내 고모부가 친구들과 함께 값비싼 스즈키 오토바이를 타고 나타났다. 집 근처 부모산에는 토끼, 꿩, 노루가 서식하고 있었기에 사냥하기에 최적이었다. 가죽조끼에 목이 긴 부츠를 신고 가죽 모자를 쓰고 총알이 꽉 꽂혀 있는 탄띠를 차고 왔는데 허리띠에는 참새가 여러 마리가 매달려 있었다.

할머니는 막내 사위와 손님들에게 따뜻하게 데운 반주飯酒와 찌개로 대접했다. 일행들은 정종 한 주전자를 금방 비우고 다시 사냥을 떠났다. 고모부는 번쩍거리는 총을 거꾸로 뒤집어 열심히 펌프질했다. 참새 떼를 조준한 어깨에는 총열이 번쩍였고 개머리판이 "핑"하는 폭발음의 반동을 받아낼 때마다 영락없이 백발백중 참새가 떨어졌다.

고모부가 오시는 날에는 참새구이를 더 얻어먹을 수 있어서 좋았다. 오토바이 라이딩 행렬이 굉음을 내며 마을을 떠날 때면 시골 마을이 들썩였다. 이제는 고모부도 아니 계시고 참새 떼도 사라지고 옛 정취도 사라졌다.

이렇게 추운 겨울에 몸을 한껏 동글동글 모으고 먹이를 찾는 참새를 보면 그 옛날 재미로 잡던 못된 짓이 생각이 나서 속죄하는 마음으로 참새에게 먹이를 던져주곤 한다.

외딴섬

재개발의 뒷전에 밀려난 낡고 작은 아파트 한 채를 소유하고 있다.

신혼 때 살았던 이 집은 지은 지 30여 년이 지나 아파트 외벽의 회칠은 흉하게 벗겨지고, 창문은 금방이라도 떨어져 내릴 것처럼 위태롭게 매달려 있다. 인적은 드물고 낡은 창 사이로 듬성듬성 새어 나오는 불빛마저 식은 듯 싸늘하다. 겨울 냉기를 막기 위해 가려놓은 방풍 비닐이 찬바람에 파르라니 떨고 있다. 오랜 시간 풍상에 할퀴어지고 홀대받아 퇴락된 5층의 건물은 오래된 악기처럼 삐걱거린다. 30여 년 전만 해도 서민들의 꿈과 희망이 살아있는 삶의 터전이었다. 그러나 지금은 대부분 독거노인이 거주하는 외딴섬으로 전락했다.

이곳은 유일하게 1층이 인기 있는 층이다. 노인들은 계단을 가장 무서워한다. 맞은편 8차선 너머에는 신시가지로 형성되어 고층 아파트 마천루에서 밤이면 불빛으로 시가지를 화려하게 수놓는다. 그곳의 사람들은 모두가 활기차 보인다. 도로를 마주하고 있는 두 아파트의 극단적인 대조는 보는 이로 하여금 격세지감을 느끼게 한다.

낡은 집을 세를 내놓은 지 한 달 만에 입주하겠다는 사람으로부터 연락이 왔다. 세입자를 들이기 위해서는 각종 시설이 안전한지 살펴보고 지저분한 곳이 있으면 깔끔하게 정리 정돈을 해야 하니 여러모로 신경이 많이 쓰인다. 주말 오후, 상태가 부실한 낡은 아파트에 들어섰다. 재개발을 기대하며 소유했던 것이 욕심이라는 걸 깨닫는다. 가재도구는 세월의 흔적을 고스란히 담고 있어 모두 새것으로 바꿔야만 했다. 우선 도배와 장판을 하고, 싱크대와 가스보일러도 교체했다. 찌든 때로 물든 방문이며 창틀도 새로 페인트를 해야만 했다. 손바닥만 한 내부를 수리하다 보니 비용도 만만찮게 든다. 그래도 깨끗해진 집안을 보니 마음이 환해졌다.

며칠 후 새로 입주할 사람을 만나보니 일흔 후반으로 몸이 불편한 할아버지였다. 독거노인 같아 보였다. 독거노인이라는 말을 들으면 우울해진다. 사정을 알 수 없지만, 딱 봐도 오래전부터 홀로 살다 오신 듯했다. "우리 아들이 인천에서 의사야, 내가 젊어서 가족에게 못 할 짓 많이 해서 지금은 이렇게 살아!" 노인은 괜스레 너스레를 떠신다.

요즘은 가족이 있어도 혼자 거주하는 노인이 늘어나는 추세다.

평균 수명이 늘어난 것도 있지만, 자녀들과의 마음의 거리 멀어지고 부부간 소통 단절로 서로의 갈등을 해소하기 위한 차선책으로 별거를 선택하기도 한다. 그렇다고 안정된 노년을 보장받기는 어렵다 보니 이처럼 자신만의 고립된 쓸쓸한 외딴섬을 찾아 살아가고 있다.

어느 통계를 보니 노인 4대 고통은 아프고, 고독하고, 할 일 없고, 수입이 없다는 것이다. 뿐만 아니라 적잖은 노인들이 신체적, 정신적. 성적, 경제적 학대와 자식들에게서 방임되어 쓸쓸한 노후를 보낸다고 한다. 그러다 보니 노인 자살률이 10만 명당 8명으로 꽤 높은 수치를 보이고 있다.

자살의 첫째 원인은 건강 문제로, 자유롭게 움직일 수 없고, 본래의 몸으로 돌아갈 수 없다면 죽는 편이 낫다고 말한다. 둘째는 정신적 부담감으로 너무 오래 살았다, 자식에게 폐를 끼치고 싶지 않다는 이유이다. 그밖에 상실감, 사회적 고립이 자살의 동기가 되고 있다며 자살을 준비하는 노인들의 특징은 절망감에 빠져 있거나, 통제 불가능한 분노를 보이며 술이나 약물 사용하는 양이 많아진다고 한다. 때로는 소중한 물건을 나눠주기도 하고 잠을 잘 자지 않는 경우와 멀어지려는 모습이 보인다.

다행히도 요즈음은 독거노인 돌보미가 있어 이러한 현상이 보이면 독거노인이 진정으로 원하고 있는 것이 무엇인지를 알아내고, 자주 전화하고 방문하고 노인의 말을 공감해 주고 희망을 심어주어 자살을 막아주고 있다.

혹시나 세입자로 들인 독거노인이 걱정되었다. 다행히 노인에게도 돌보미가 배정되어 노인의 소식을 언제든지 알 수가 있었다. 나 또한 노년이 얼마 남지 않았다. 외딴섬의 주인이 되지 않기 위해 노년 플래너가 되어야만 할 것 같다.

쓰리고

고삐 풀린 물가에 미국은 결국 '자이언트 스텝' 꺼냈다.

미국의 금리 인상 용어로서 기준금리가 0.25% 오르면 베이비 스텝, 0.5% 오르면 빅 스텝, 0.75% 오르면 자이언트 스텝이라고 말한다.

최근 러시아의 우크라이나 침공으로 인한 국제 유가 상승이 미국의 물가 상승을 압박하면서 금리 인상이 본격적으로 시작되었다. 미국 연방 공개시장 위원회(FOMC)는 15일(현지 시각) 성명을 내고 "위원회는 연방 기금 금리 목표 범위를 1.5~1.75%까지 인상하기로 결정했다."라고 밝혔다. 가파르게 치솟는 물가로 최대폭의 기준금리 인상 카드를 꺼내 드는 초강수를 둔 것이다.

그러자 밤사이 미국 주가지수가 급락했다. 따라서 우리 주가도 폭락했다. 미국의 자이언트 스텝으로 다시 IMF 위기가 오는 건 아닌지 불안하다. 지난 1994년 미국의 자이언트 스텝으로 인해 그해 멕시코가 외환 위기를 맞이했고, 1996년에 아시아가 외환 위기를, 1998년에 러시아가 모라토리엄 즉 채무 지급유예를 선언했다.

지금, 우리나라도 고물가 고금리 고환율의 3고로 인하여 속도 쓰리고 마음도 쓰리다. 가계 대출 금리가 상승하면서 소비가 위축되고 경제의 마이너스 효과가 점점 커지고 있다.

우리나라에서 가장 중요한 것은 1,900조 원으로 위험수위를 넘은 '가계부채'이다. 이 가운데 80%가 변동금리 대출이다.

발등에 불이 떨어진 건 나도 마찬가지이다. 일 년 전 손바닥만 한 상가 한 칸을 사면서 상가를 담보로 대출받아 이자와 원금을 내고 있다. 처음 이자를 2% 적용하던 것을 지금은 6%에 육박하고 있다. 이미 소득의 상당 부분을 빚 갚는데 할애하고 있는데 지속적인 금리 인상은 생계를 옭아매고 있다. 변동금리를 택한 만큼 이자 부담에 허덕이면서 '불면의 밤'은 갈수록 길어지고 있다.

가파른 금리상승으로 대환 대출을 하려 해도 중도상환수수료가 이중으로 부담되니 어쩌지 못하고 그저 속만 태울 뿐이다.

가을에 결혼을 앞둔 딸아이가 신혼집을 청주에다 마련하려고 알아보니 다락같이 뛴 아파트 보증금으로 언감생심 전세는 생각하지도 못하고 있다.

그렇다고 쉽게 대출을 받을 수도 없거니와 대출받아도 원금의 분할 상환과 높은 이율로 고민이 크다. 요즘 들어 고금리로 인해 월세를 선호한다는 기사를 보고 딸아이도 월세를 선택해야 하겠다며 삶의 기대치를 많이 내려놓은 듯하다.

정부에서 신혼부부에게 주는 혜택은 조건이 미달 되니 그림의 떡이다.

몇 년 전부터 영끌에 나선 20~30대도 이자의 무서움을 절감하고 있다. 이들이 2금융권 대출까지 받아 집을 산 이유는 자고 나면 오르는 집값 때문에 지금 사두지 않으면 평생 살 수 없다고 판단했기 때문이다. 이러한 의지가 젊은이들에게 더 많은 빚을 지게 했다.

그러면 이 난관을 어떻게 극복해야 하는가? 찰스 핸디의 『삶이 던지는 질문은 언제나 같다』에서 이렇게 대답하고 있다.

"우리를 지배하는 그것들은 결국 우리 손으로 선택된 것이다. 이런 변화는 외면하고 싶어도 외면할 수 없다. 다만 그 변화를 차분히 맞이하여야 한다."라고 했다.

난관을 극복하는 지혜가 남다른 우리나라 사람들이다.

시간이 지나면 쓰리고에서 해방되는 날이 올 것이다. 이미 코로나19 핵폭탄으로 삶의 예방주사를 강하게 맞았으니 경제적 폭탄이 찾아와도 슬기롭게 헤쳐 나갈 것이라고 믿는다.

다 함께 아리랑

신종 코로나바이러스 감염증 사태 속에 맞이한 두 번째 새해이다. 코로나로 고통받는 사람들과 특히 가족을 떠나보낸 분들과 병상에 누워 계신 분들께 위로의 마음을 전한다. 지난 2년 동안 자유롭지 못한 생활을 견뎌내며 많은 사람이 서슬 고개를 넘어가고 있다. 명절의 되었지만, 일가친척 간의 왕래도 서로 하지 않는 것이 오히려 예를 갖추는 것이 되고 보니 참으로 애석하기 그지없다. 명절을 맞은 고향 현수막에는 "아들아, 딸아 이번 명절은 안 와도 된다. 건강이 우선이다."

"며늘아, 요즘은 만남 대신 영상통화가 유행이다."라며 방문을 꺼린다. 부모 자식간도 멀어지게 하는 감염병은 모든 것을 앗아가고 있다.

젊은 날, 어머니는 고달픈 일이 지속되거나 마음의 위로를 받고 싶으실 때면 나지막한 목소리로 아리랑을 흥얼거리셨다. 긴 한숨과 짧은 탄식으로 토해내는 아리랑은 어머니에게 구령이 되어 준령을 넘게 했다. 눈을 뜰 무렵 새벽밥을 하며 부엌에서 들려오는 어머니의 흥겨운 아리랑 노랫소리는 마음을 평온하게 하고 심리적으로 안정이 되었다. 그 후 나도 나이가 들어가면서 현실이 지나치게 고달프고 외로울 때마다 아리랑을 부르며 흘려보냈다.

구불구불 고갯길을 뜻하는 '아리아리 아리랑' '쓰리 쓰리 쓰리랑'은 수난의 선線이자 아픈 현실을 넘게 하는 치유의 노래이며, 인생의 길고 긴 장령長嶺을 넘을 때마다 가는 길을 외롭지 않게 했다. 기쁠 때나 슬플 때나 곡조를 바꿔가며 부를 수 있는 노래는 아리랑밖에 없다.

수많은 변곡으로 불리는 아리랑은 60여 종으로 3천6백여 수에 이른다고 한다. 정선아리랑, 진도 아리랑, 밀양 아리랑 등 슬프다 싶으면 한없이 슬프고 구성지다가 또 한없이 흥겹게 느껴진다. 슬픔에서 기쁨으로, 기쁨에서 슬픔으로 넘나드는 풍부한 감정을 담고 있다. 노래는 사람들의 애환을 해소해 주는 끈이다. 오미크론 변이로 세상을 어지럽힐지언정 이를 물리칠 힘은 자신만이 가지고 있는 기도와도 같은 주술적 음악이 아닐까 한다.

개개인들에게 생각과 이념과 신앙까지도 한데 묶고, 서로 다른 공동체를 화합시키며, 빈부의 차이, 지식의 차이, 권력이나 권위의 차이도 허물어 주는 노래는 하나로 만드는 원동력이기도 하다.

제2의 대한민국 국가 송으로 불릴 만큼 아리랑 민요는 최고의 응원가로 올림픽과 월드컵에서 국민 모두를 하나로 만들었던 곡이 아니던가, 하나가 되는 일은 이론이나 이성으로는 힘들지만 느낌이나 감성은 화합하기가 어렵지 않다는 것을 보여준다.

코로나 환자가 하루 3천여 명을 넘어서는 요즘, 긴장의 연속이다. 화복무문 화불단행禍福無門, 禍不單行이라 했다. 화禍는 혼자 다니지 않고 둘 세 쌍으로 떼를 지어 다닌다는 말로 이에 따라 경제는 무너지고, 나랏빚은 늘어나고, 근로자는 직업을 잃고 자영업자는 죽을힘을 다해 버티고 있다. 이 절망의 시기에 담쟁이넝쿨이 잎사귀를 이끌고 태산 같은 바위나 돌담을 올라가는 것처럼 다 함께 손잡고 아리랑을 부른다면 절망은 희망으로 바뀔 것이라는 생각에 이른다.

임인년 새해는 밟아도 다시 일어나는 잔디처럼, 밟아줄수록 돋아나는 보리싹처럼 푸르게 일어설 것이라는 바람을 가져본다.

아리랑 고개를 넘어가 보자/가다가 힘들면 쉬어 가더라도/손잡고 가보자 같이 가보자

이 고개만 넘어서면 분명 새봄이 기다리고 있을 것이다.

장다리무꽃

가끔 오르는 숲정이의 밭모퉁이에 장다리무꽃이 한창이다. 연초록 대궁 끝에 엷은 보랏빛 꽃잎. 열십자 실핏줄 무늬로 곱게 꽃을 피우고 봄바람에 한들거리는 모습이 어떤 꽃보다 소박하고 예쁘다.

어릴 적 고향 집에는 대문을 나서면 텃밭 한 귀퉁이에 연보랏빛 장다리무꽃이 보라색 천을 펼쳐놓은 듯 흐드러지게 피어있었다. 지난, 가을에 수확하지 않고 내버려 둔 무가 겨울 땅속에서 얼어 죽지 않고 살아남아 따뜻한 봄이 오자 장다리를 돋우고 꽃을 피웠다.

혹독한 한파와 싸우며 끈질긴 생명력으로 겨울을 이겨내고 봄과 함께 새싹을 돋운다. 그 나약한 뿌리는 종족 보존을 위해 모든 양분을 쏟아부어 꽃을 피우고 씨앗을 맺는다. 장다리무꽃 뿌리는 구불텅하게 생긴 데다가 턱없이 짧고 얕게 박힌 탓에 작은 바람에도 꽃대가 쉽게 널브러진다. 가느다란 뿌리는 숨을 다해 씨방이 튼실할 때까지 결코 썩거나 병들지 않는다.

고운 빛 여린 꽃은 소중한 자식을 잉태하고 건강하게 키워낸 뒤 씨앗이 익어갈 무렵이면 잎은 거칠어지고 씨방이 든 껍질은 늙어가는 어머니의 뱃가죽처럼 쭈글쭈글하게 말라간다. 씨방이 잘 맺히면 뿌리에는 바람이 들고 잎사귀는 노랗게 시들어 죽는다. 장다리무꽃을 볼 때마다 자식에게 일생을 쏟아붓는 어머님의 삶을 떠올린다.

요즈음은 봄철엔 유채꽃이 사람의 시선을 끌지만, 예전에는 노랑나비 흰나비가 군무를 이루며 날아다녔던 장다리 꽃밭이 명물이었다. 장다리무꽃대에 물이 올라 제법 몸통이 굵어질 때면 아이들은 삘기와 찔레순과 함께 이 장다리 순을 부지런히 따먹었다. 장다리무꽃 순은 매운 듯 비릿하고 풋내가 감돌았지만, 목이 마른 아이들에게 수분을 섭취하기에 충분했다. 고향은 아득한 산 너머로 멀어져가고 그때의 시간은 더 아득하여 구름 너머로 숨어버리지만, 장다리무꽃은 작은 추억을 소환하여 미소 짓게 한다.

어느 말 못 할 그리움이 꽃대를 밀어 올렸을까, 한동안 돌아보지 않은 내 안이 문득 궁금해지는 날이다. 길가 한 귀퉁이에서 강하고 질긴 생명력으로 무장하고 내일을 위해 꽃을 피우는 장다리꽃을 보면 생명이 무엇이며, 진정한 삶과 의무를 다하며 아름답게 사는 것이 무엇인가를 생각하게 한다.

이 나이 되도록 늘 변방을 전전하며 어디 가든 깊이 뿌리박지 못하고 살아왔다. 시골 간이역처럼 있는 듯 없는 듯 존재감 없이 중년도 지났다. 내 생각, 내 목소리, 내 자리 없이 그저 그렇게 희미한 삶을 살다 보니 꽃을 피워도 눈길을 끌지 못했다. 작지만, 그래도 소중하게 보랏빛을 간직한 장다리무꽃처럼 나의 꽃을 피우기 시작한 것은 그리 오래되지 않았다. 장미도 백합도 아닌 장다리무꽃으로 씨앗을 품게 된 것은 숨겨져 있던 나의 가능성을 알고부터였다.

밝게 빛나는 밖의 세상을 위해 어둠 속에서 씨앗을 영글게 하는 시간은 어느 때보다 행복했다. 씨앗이 영글면 또 한세상이 펼쳐지듯, 내가 피운 꽃도 영글어 한세상을 펼쳐낼 것이라는 걸 생각하면 그 숭고함에 한시도 허투루 살아갈 수가 없다.

뒤로 던져진 가을 무가 무녀리로 움트기 위해 더 깊이 더 야물게 살아야만 했던 시간은 거칠고 딱딱한 땅을 뚫고 나와 제 나름의 모양과 빛깔을 갖기 위해서이다. 뒤돌아보면 장다리무꽃같이 시간이 있었기에 일상의 소소한 행복에 기대는 삶이 되지 않았나 싶다. 남겨진 날들도 소박하고 수수하게 피어나는 장다리무꽃 삶이길 소원한다.

씨앗을 품는다는 것은 생명을 이어가는 것이기에.

큰 오라버니

지난주 일요일, 큰 오라버니 칠순을 기념하기 위해 형제들이 모였다. 오라버니는 2남 5녀 중 세 번째로 장남이다.

팔질이 지난 큰 언니와 희수를 맞은 둘째 언니는 건강이 좋지 않아 오지 못하였고, 둘째 오빠 내외 역시 오미크론에 재감염되어 참석하지 못했다.

큰 오라버니는 아들 둘을 두었고 큰아들은 결혼하여 딸을 낳았다. 현재 미국지사에 근무 중인 큰아들은 아버지의 고희연을 맞이하여 잠시 귀국했다. 예약된 방에 들어서니 '김○○ 아버님, 박○○어머님의 장남 김○○ 님의 고희연'이라는 현수막이 한쪽 벽면에 커다랗게 걸려 있었다. 돌아가신 부모님의 이름을 보는 순간 마음이 울컥했다.

토목과를 전공한 오라버니는 평생을 건설 현장에서 살았다. 군대 전역 후 H사에 입사하여 40여 년을 국내와 해외 지사 현장에서 근무했다. 결혼식을 올리고 곧바로 사우디아라비아 현장 지사로

발령받는 바람에 신혼부부가 서로 떨어져 지내야만 했다. 중동지역으로 남편을 보내고 혼자 남은 올케는 긴 세월을 두 아들을 키우며 집안의 대소사며 자잘한 일을 치러내야만 했다. 가족들 앞에서 칠순을 맞은 오라버니의 인사말은 어느 때보다도 아내에 대해 미안함과 고마움이 묻어났다.

퇴직한 후 올케와 함께 오순도순 살 줄 알았는데 시골의 정이 그리운 오라버니는 부모님이 사시던 고향 집에서 문전옥답을 살피며 사시고 올케는 서울에서 생활하며 주말부부로 지내신다. 도시 생활이 편한 올케와 시골 생활이 그리운 오라버니와의 간극은 좁혀질 수 없음을 인정하며 서로가 편한 생활을 택한 것이다. 평생을 떨어져 사는 것이 숙명 같기도 하다.

과거 70년대에는 한국이 중동지역과 수교가 이루어지면서 H사는 거대한 공사 수주로 해외 공사가 활발했다. 집안이 그리 어려운 형편이 아님에도 해외 건설 현장을 선택한 오라버니는 장남으로서 부모님에게는 믿음직스러운 모습을, 누님들에게는 든든한 버팀목임을, 동생들에게는 떳떳한 오라버니라는 걸 보여주고 싶었을 것이다. 리비아, 사우디아라비아, 소련 현장에서 극한의 환경과 맞서 싸웠다. 사막의 극한 환경을 잘 모르셨던 부모님은 장남의 거처가 얼마나 열악하고 위험한 줄 모르셨으리라, 오로지 한 달에 한 번

보내오는 손 편지에 쓰인 안부만이 전부로 알고 사셨다.

장남의 위치는 자신보다는 가족을 먼저 생각하기 마련인가 보다

아버지는 노후에 천식으로 고생을 많이 하셨다. 한번 기침을 시작하면 발작적으로 그칠 줄 모르고 계속되었다. 그럴 때마다 오라버니가 소련에서 구해온 웅담을 얇게 저며 뜨거운 물에 타서 마시곤 하셨다. 그러면 밭은기침이 멈추면서 이내 가라앉았다. "큰 애가 아니었으면 나는 이미 이 세상 사람이 아닐 거여." 아버지는 오로지 웅담에 건강을 맡기고 사셨다. 지금은 불가능한 일이 되겠지만, 그 당시에 소련의 공사 현장소장으로 근무했던 오라버니는 오로지 아버지의 건강을 생각하며 법의 테두리 안에서 수단과 방법을 동원하여 휴가를 나올 때마다 천식에 좋다는 약을 구해오신 덕에 아버지는 그나마 큰 고통 없이 천수를 다하시고 돌아가셨다.

장남으로서 어깨가 짓눌린 듯 무거울 때도 많았을 것이다. 한편으로는 부모님의 사랑도 더 받으며 살아온 건 사실이지만 장남은 출생부터 타고나는 것이라는 생각을 해본다. 사막에도 가정에도 오아시스를 세운 오라버니가 받은 산업훈장은 국가 산업 발전에 이바지한 공적뿐 아니라 의관을 갖추고 예를 다해 살아온 장남에 대한 보상이었으리라. 미국에서 근무하는 큰아들이 아버지의 고희를 맞기 위해 잠시 들어온 것도 장남으로서 제 역할을 하기 위

함이 아니던가, 본분을 다하며 산다는 것은 제값을 다하고 산다는 것이다.

고희 앞에 선 오라버니 얼굴에 지난 세월의 연륜이 고스란히 느껴져 온다. 자신은 없고 장남으로만 살아오신 지난 70년의 모습이 고귀한 훈장처럼 빛났다.

이제는 장남이라는 묵직함의 외투를 벗어 놓으시고 남겨진 시간은 자신을 위해 행복한 시간을 보내시기를 염원한다.

수옥폭포

이른 아침 풋풋한 공기를 가로지르며 국도를 달렸다. 시간 반을 달리니 차창 밖으로 조령산의 울울창창한 푸른 산맥이 끝 간데없다. 백두대간 중심의 마루금이며 신선암봉의 멋진 조망은 감탄의 연속이었다.

습기를 잔뜩 머금은 산길을 지나 수옥폭포를 찾아가는 길은 주차장에서 10분 정도 걸어가면 바로 만날 수 있었다. 20여m 낭떠러지 3단 절벽을 내려치는 수옥폭포는 맑은 물빛만큼이나 청량한 물소리가 마음에 쌓인 묵은 생각과 근심을 한꺼번에 씻겨주었다. 유구한 세월을 쉼 없이 내리고 있는 물줄기는 그날의 역사와 함께 울림인지 떨림인지 마음을 요동치게 했다. 여기 수옥정은 고려 말기에 공민왕이 홍건적을 피해 초가를 지어 행궁을 삼고, 조그만 절을 지어 이곳에서 피신하였다고 한다. 그날의 기억을 침묵하는 폭포수만이 여전하다.

폭포 앞 언덕 위에 팔각정자가 늘어진 적송 아래 제법 운치가 있다. 이 팔각정은 1711년(숙종 37년)에 연풍 현감으로 있던 조유수가 청렴했던 자기 삼촌 조상우를 기리기 위해 정자를 짓고 수옥정漱玉亭이라 이름 지었다 한다. 그때의 정자는 낡아 없어지고 재건된 팔각정이 아름다운 자태로 나그네를 기다리고 있다.

폭포 아래로 넓은 바위가 깔려 있어 쉼을 하기에 안성맞춤이었다. 일찍이 조선 시대 청운의 꿈을 품고 과거를 보러 오가던 영남의 과객들이 지친 발을 담그고 쉬어 가던 모습을 상상하며 발을 담그니 그 정기가 전이되어 내 안의 결기가 다져진다.

자연경관이 이름이 난 이곳에서 많은 드라마와 영화의 한 장면을 장식했던 수옥정에서 조선 바람의 소리를 듣는다. 조선 중기 첩의 딸로 태어나 자신의 운명에 맞서 처절하게 살다 간 정난정의 파란만장한 일생을 그린 '여인 천하'를 촬영한 곳도 이곳이고, 조선 시대 천민의 신분으로 역모 사건에 일조하는 여자 형사의 역할을 극화한 드라마 '다모'의 촬영도 이곳에서 이뤄졌다. 드라마가 나를 감동하게 했던 것은 시대는 바뀌어도 자연은 그대로 남아 과거를 소환하고 미래를 기다리는 불멸이 에너지가 있기 때문이 아닌가 싶다. 이곳의 폭포도 절벽도 푸른 나무도 배우 못지않은 열연을 보여주지 않았던가, 이렇게 명소를 찾는 이유가 또 하나 있다.

음악 학원을 운영하는 아들은 지난 3월부터 인스타그램에 음악 영상으로 이용자들과 팔로우하며 소통과 나눔의 공간을 마련하고 있다. '릴스'를 통한 짧은 영상이지만 늘 새로운 모습을 전달하기 위해 심혈을 기울이고 있다.

여기 옥수정은 선정한 곡을 연주하기에 가장 어울리는 행운의 장소였다. 선곡한 노래 제목은 Backstreet Boys의 'I Want It That Way'이다. 이 곡은 전 세계적으로 수천만 장이 판매된 곡으로 이곳 폭포와 잘 어울리는 곡이었다. 푸른 숲과 절벽에서 낙하는 물과 음악이 어우러져 여름날의 천국이 영상 안에 그대로 반영되었다. 눈으로 보는 풍경을 영상에 다 담을 수 없어 안타까웠지만, 원하던 영상을 잘 마칠 수 있었다.

영상 작업을 끝내고 수심이 깊지는 않은 폭포의 매력을 제대로 느껴본다. 단원 김홍도가 즐겨 찾았다는 '수옥폭포'를 곁에 두고 바라보는 것만으로도 무릉도원이 바로 이곳인 듯싶었다. 단원의 '모정풍류茅亭風流' 속 배경도 '수옥정'과 수옥폭포일 거란 이야기를 전해 들으며 백색소음 아래서 마음의 소리를 듣는다. 몸을 한껏 들어 올린 고목도 농밀한 수풀도 지저귀는 산새도 모두가 예사롭지가 않다. 수많은 야생화도 이곳에서 존재하는 이유를 전해온다.

그림 같은 풍경에 기분 좋은 에너지를 채우며 몸을 일으킨다. 내려오는 내내 몸과 마음이 초록빛 향기로 물들어 다시 돌아갈 일상은 싱그러울 것만 같다.

항구의 맛

여름 휴가길에 도착한 주문진 전통시장은 동해의 짭조름한 맛과 비릿한 냄새로 가득했다. 좌판 위에 갖가지 수산물이 윤기를 머금고 가지런히 진열되어 있었다. 가장 먼저 눈에 띄는 것은 수족관 안에 있는 대게와 킹크랩이었다. 느낌도 모습도 대나무를 쌓아 놓은 대게와 킹크랩이 큰 손길의 간택을 기다리고 있었다. 전국에서 모인 관광객들은 대게의 참맛을 맛보려는 듯 닫힌 지갑을 열고 점포마다 문전성시를 이뤘다. 오가며 서로 몸이 부딪히는 좁은 공간이지만 두 눈은 모두 싱싱한 해산물에 가 있었다. 아이 키만큼 한 은갈치, 왕 문어, 신선한 고등어가 수북이 쌓여있었다. 우리 식구는 틈을 비집고 튼실한 대게 다섯 마리를 주문했다. 찜솥에 들어간 대게를 기다리며 치열한 삶의 현장을 보고 있노라니 휴가와는 먼 세상에 와 있음을 느낀다. 20 여분이 지나자 드디어 갓 쪄내 온 대게가 식탁 위에 푸짐하게 놓였다. 다리 하나를 잘라 속살을 입에 넣으니 달콤한 맛이 짜릿하게 전율을 일으켰다. '이 맛에 다들 여길 오는구나.' 입맛을 당기는 대게와 동해의 산물을 온전히 담은 물회 한 그릇이 그동안 쌓인 피로가 한꺼번에 풀렸다.

든든하게 점심을 먹고 주문진 해수욕장으로 향했다. 구름 한 점 없는 맑은 하늘에 도롯가에는 빨간 해당화가 새초롬하게 꽃을 피워 환영해 주었다.

라디오에서 흘러나오는 The Beach Boys의 Surfin USA 노랫소리가 한여름의 전주곡으로 들려왔다. 이 울림은 몸을 바다로 이끌었다. 무더위를 피해 도착한 하조대 해수욕장에는 수많은 피서객이 피서를 즐기고 있었다. 피서객의 검은 피부와 쾌속정 보트가 여름 해변의 낭만을 끌어 올렸다. 연신 들려오는 안전원의 파열된 호각 소리만 없었다면 최고의 휴가지라 생각이 들었다. 파열음은 언제 어디서나 고통을 가져다준다. 30도를 넘는 불볕더위가 자연스레 해수욕을 불러일으켰다. 그동안의 일을 모두 잊고 그저 누리고 즐기는 시간이 되기를 기대하며 바닷물에 뛰어들었다. 밀려오는 파도에 몸을 맡기 채 몇 년 만의 짭조롬한 휴식이 실감 나게 고마웠다. 일상의 여백에 자연의 향기가 스며드니 마음도 그윽해져 온다.

더위를 씻겨준 주문진 해수욕장을 벗어나 소돌항 향호지를 물길을 따라 둘레길 걷기를 시작했다. 호수와 바다는 그저 한 가닥

모래톱으로 나누어져 있을 뿐인데, 향호를 보는 것과 바로 옆 동해를 보는 느낌은 너무도 다르다. 물의 색깔, 물의 흔들림, 물의 냄새조차 구별이 된다. 마음을 맑게 비워내는 호수는 마음의 짐을 내려놓게 하고 쉬고 싶을 만큼 한껏 풍요로움을 가져다주었다.

밤이 되자 호텔 앞에 정박한 주문진 불꽃 크루즈에서 네온이 반짝이기 시작했다. 선상 가판 무대 위에서 남녀 가수가 춤을 추며 노래를 부르자 주변으로 사람들이 몰려들었다. 관광지에서 즐거움 중의 하나는 선상 파티이다. 오늘은 운항을 하지 않지만, 항구에 정박하여 노래와 춤이 이어졌다. 노래하는 가수의 목소리에는 인이 배어 있는 듯 안정감이 있었다. 밤이 깊어져 갈수록 다양한 계층의 관광객들이 가득 찬 크루즈 선상에는 생동감 넘쳐났다.

'Keep On Running', 'The House Of Rising Sun' 올드 팝송이 연속으로 불리고 있었다. 중학교 때 즐겨듣던 올드 팝송이 흘러나올 때마다 그 시절, 그 추억이 소환되어 가슴 시리도록 그리워졌다. 되돌아갈 수 없는 시간이기에 그리움은 감동이 되어 행복한 밤을 보냈다.

다음날은 속초항을 지나 영랑호로 발길을 옮겼다.

영랑호는 신라 화랑 영랑의 이름이다. 금강산에서 수련을 하고 서라벌로 내려가던 길에 이곳 풍경에 빠져서 돌아가는 것을 잊어

버렸다는 이야기가 있다. 멀리 속초 등대를 뒤로 하고 영랑호 산책로에 들어선 첫 느낌은 동양화 그림 속에 들어와 있는 기분이었다. 뭉게구름 가득한 하늘이 호수와 어울리니 한 폭의 수묵화이다. 물과 묵으로만 만들어지는 수묵화 농담의 매력적이었다. 호수에 잠긴 설악의 능선과 울산바위 모습이 최고의 피사체로 비친다. 2시간을 걸어야 한 바퀴를 다 돌지만 가보지 않아도 그 끝을 알 수 있었다.

전국적으로 유명한 속초 중앙시장에 들러 닭강정을 사는 일은 또 하나의 추억을 기록했다. 강원도는 가는 곳마다 각기 다른 맛이 있었다.

눈에 보이는 항구의 맛이 건강한 맛이라면 보이지 않는 항구의 맛은 줄을 서서라도 맛보고 싶은 추억 맛이었다.

능소화는 지고

뜨거운 한낮, 담벼락을 타고 흐드러지게 피어있는 주홍빛 능소화를 보고 있노라니 '소화 아씨'의 허기진 마음을 닮은 것 같아 가슴이 시려온다. 이 꽃을 보면서 마음이 시린 것은 능소화에 얽힌 설화의 기구하고 슬픈 운명 때문이런가.

옛날 궁중에서 일하는 소화라는 궁녀가 살았다고 한다. 소화는 얼굴도 예쁘지만, 마음씨가 고와서 주변 궁녀나 왕비로부터 사랑을 받으며 지냈다. 하루는 궁을 거닐던 임금님의 눈에 띄게 되었다. 그날 밤 소화에게 시중을 들게 하였다. 그렇게 하여 소화와 임금님은 하룻밤을 지내고 소화는 후궁이 되어 빈의 자리에 올랐다.

그 후 임금님은 어찌 된 일인지 소화를 다시는 찾지 않아 소화의 마음에 임금님을 그리워하는 병이 생겼다. 소화는 죽으면서 임금님이 소화의 처소에 오시는 길 담 밑에 묻어달라고 유언을 남기고 죽었는데, 소화가 죽고 100일이 되던 날 소화가 묻힌 담 밑에서 초록빛 새싹이 나오더니 금방 담장을 덮고 주홍색 예쁜 꽃을 피워 그

꽃의 이름을 능소화라고 지었다는 설화다.

해마다 초여름이면 큰집 담벼락에는 능소화가 흐드러지게 피어났다. 기와집 흙담을 타고 오르는 주홍색 능소화는 등불처럼 환하게 걸려 있었다. 큰집에 4남매 중 막내딸로 태어난 언니는 '소화 아씨' 뺨을 닮아 양 볼이 복숭앗빛으로 참으로 고왔다. 하얀 피부에 두 눈이 예뻤던 언니 주변에는 늘 남학생들이 서성거렸다. 남학생들에게는 도도했어도 나에게만큼은 한없이 다정한 언니는 사춘기인 나의 고민을 스스럼없이 들어주고 풀어주기도 했다. 그런 언니가 어느 날 결혼을 한다며 신랑감을 인사시키러 우리 집으로 왔다. 큰 기대감으로 사촌 형붓감을 본 아버지는 덩치가 크고 우락부락한 첫인상이 마뜩잖아하셨다.

언니의 결혼생활은 불 보듯 뻔했다. 사촌형부의 심한 주벽은 해가 갈수록 그 곱던 언니 얼굴에 먹구름을 드리웠다. 그럴수록 강해져야만 했던 언니는 두부와 콩나물을 길러 가게나 식당에 납품하며 억척스럽게 삶을 쪼개며 살았다. 겉으로는 끄떡없을 것만 같았던 가정에 형부의 고쳐지지 않는 주벽과 에너지 고갈은 언니에게 끝내 간암을 불러왔다. 언니의 나이 쉰 중반부터 삶은 피폐해져만 갔다. 오뚜기처럼 넘어졌다 다시 일어날 무렵 악의 세력에도 무너질 것 같지 않던 사촌 형부는 이번 생에서 연을 끊었다. 언니의 계속되는 투병 생활은 여섯 번의 수술과 수십 번의 방사선, 항암치료에도 불구하고 온몸으로 전이 된 상태에서 회복하지 못하고 엊그제 끝내 마지막 생을 내려놓았다.

비보를 듣고 찾아간 빈소에는 사촌형부가 먼저 떠난 자리에 아들과 딸이 문상객을 맞았다. 영정사진을 보고 있노라니 언니의 무겁고 지난했던 삶이 발끝까지 내려앉았다. 언니의 헝클어진 시간이 박제된 듯 고요했다. 시린 세월 동안 눈먼 꼭두각시로 살아낸 바짝 마른 영정사진은 우렁이 껍데기처럼 바스락거려 작은 손길에도 바짝 부서질 것만 같았다. 지금쯤 언니는 고향의 능소화 골목길을 돌아 고통도, 괴로움도, 슬픔도 없는 저승길로 가고 있을 것이다.

강렬한 햇살에도 지지 않으려는 듯 원색으로 피어나는 능소화는 병충해와 비바람에는 강해도 공연히 사람 손을 타면 꽃받침째 떨어져 버리고 만다. 언니의 도도한 성격은 아무리 지치고 힘들어도 홀로 그 모진 세월을 견뎌내게 했다. 능소화는 고고하게 피었다가 초라한 모습을 보이기 전에 통꽃 그대로 뚝 떨어진다. 비바람에 찢어져 흩어지느니 차라리 목을 꺾는 능소화처럼 꼿꼿한 정신으로 두 아이를 잘 키워 낸 언니의 삶은 참으로 위대했노라고 뒤늦은 위로를 건넨다.

여름 장마가 시작되려나 보다. 흩뿌리는 비에 다시 생기를 찾는 능소화는 멈춰 버린 언니와의 시간을 다시 데려왔다. 비가 내리면 다른 꽃들은 꽃잎을 닫지만, 능소화는 한번 펼쳐낸 꽃을 다시 오므리는 법이 없다. 귀를 활짝 열어 임이 오는 소리를 들으려는 듯 나팔처럼 활짝 핀 꽃송이 아래에 서서 꽤 오랫동안 나는 능소화의 귀엣말을 듣고 있다.

제5부

푸른 낙엽

시골, 한적한 초등학교 운동장 양옆으로 노란 은행나무가 줄지어 서 있다.

가을이 무르익어 가면서 은행나무는 황금 옷을 서서히 벗어 내려놓는다. 은행나무 아래는 금박 같은 융단이 깔려있다. 매년 가을이면 황금색 꽃을 피우는 은행나무를 바라보며 어린이들은 동심을 키우며 꿈도 노랗게 물들일 것이다.

가벼운 바람에 우수수 떨어지는 은행잎이 운치 있다고 보기에는 너무도 외롭고 아픈 요즈음이다. 이태원 참사로 꽃다운 나이에 목숨을 잃은 젊은 청춘들의 영혼도 저렇게 금빛으로 떠돌고 있겠지,

내가 만약 요요마였더라면 이 은행나무 아래서 '아베 마리아' 첼로를 연주하며 영혼을 달랬을 것이다.

아베 마리아! 온화한 이여

거칠고 험악한 이 세상

이 고통을 덜어주소서, 어머니.

손 모아 비나이다.

말할 수 없는 이 슬픔, 더 이상 어떤 가사가 필요할까.

다시 바람이 분다. 황금빛을 키운 시월 마지막의 햇살이 바람에 날려 천지가 온통 황금으로 흔든다. 계절이 오고 가는 이 단순한 명제가 아무 일 없었다는 듯이 가을은 빛을 내고 그 깊은 향취를 더 하지만, 무덤덤하다.

복잡하고 어려운 세상사를 아는지 바람이 말을 걸어온다. 음악의 아버지라고 불리는 바흐도 이 바람이 전하는 말을 들었을까? 바흐의 음악과 함께 어우러지는 구노의 '아베 마리아' 그 신성神性이 통하는 멜로디가 어찌 아름답다고만 할 수 있을까, 휴대전화에서 슬픔을 담은 요요마의 첼로 연주가 바람을 타고 우수수 땅으로 떨어져 내린다.

이태원 참사로 꾹꾹 눌러왔던 유족들의 슬픔이 현을 켜고 절망이 바람을 일으킨다. 흔들리는 나뭇가지는 이별의 손짓이고 떨어지는 은행잎은 눈물이다.

심장에 가장 가까이 닿아서 마음과 영혼을 담아낼 수 있는 것이 첼로라면 기꺼이 들어 주리라, 침묵의 절규로 모든 고통과 슬픔을 뛰어넘어 숭고함으로 다가와 어지러운 마음을 잔잔히 위로해 주는 천상의 악기가 아닐까.

운동장 곳곳에 풍경처럼 스치는 이 음악은 진혼곡이 되어 떠나간 영혼을 조용히 감싸 준다.

참사 일주일째인 4일, 이태원역 1번 출구 앞은 조화 수만 송이와 음식, 술 등이 빼곡히 놓였다. 벽과 철제 난간은 시민들이 손 글씨로 적은 포스트잇 메시지 수백 장이 뒤덮고 있다. 형태와 방식은 다르지만, 희생자의 죽음을 애도하는 시민들의 마음은 하나이다. 지금, 이 순간에도 하얀 국화가 쌓여간다. 압사당한 희생자들을 위해 헌화하는 사람들에게 '꽃들 포개지도 말라'는 어느 시인의 문구가 떠오른다.

가족을 잃은 분들은 얼마나 큰 한 주가 될지 모를 일이다. 모든 순간을 함께 했던 그 따뜻한 순간을 어떻게 잊을 수 있을까, 네가 있었기에 내가 살 수 있었거늘, 너는 갔지만, 지금부터 다시 네 나이가 될 때까지 너를 보내지 않을 거야.

내일도 너에게로 올 것이다.

이 가을, 떠나간 이도 보내는 이도 파란 낙엽이었다.

이태원 참사로 이 별을 떠난 젊음은 조금 멀리 있을 뿐 그 기억은 영원히 남을 것이다.

동치미

올해도 김장하기 전에 동치미를 담갔다. 각종 채소와 무를 적당히 화합하여 다용도 용기에 가득 담아놓으니, 마음이 뿌듯했다. 일주일 지나 뚜껑을 열어보니 발효 거품이 생기면서 잘 숙성이 되어 농익은 냄새가 입맛을 돋운다. 하룻밤 냉장시킨 동치미를 한 모금 마시니 온몸이 짜릿해져 온다. 톡 쏘는 맛과 아삭한 무에서 눈 내리는 겨울을 재촉하는 맛이 났다.

동치미의 맛은 깊은 맛과 시원한 맛으로 두 가지 맛이 난다. 삭힌 고추의 칼칼한 맛이 식욕을 돋우고 약간 달짝지근하면서도 시원함은 체증을 싹 해결해 준다. 어느 음식이나 잘 어울리는 동치미는 특별한 맛이다. 단지 소금물과 무와 몇 가지 재료가 항아리 속에서 스미고 배어서 새로운 맛으로 낸다. 숙성 과정에 적당한 온도와 발효 시간은 자연이 해결해 준다. 동치미 국물은 비빔밥, 비빔면에 고기에 곁들여 시원하게 먹기도 하지만 삶은 소면을 말아 먹어도 별미이다. 나는 뜨거운 군고구마와 먹는 것을 좋아한다.

지난달 딸아이가 결혼식을 올렸다. 아장아장 걷던 때가 엊그제 같았는데 어느덧 지아비를 따를 나이가 되어 새 삶에 들어섰다.

음식에 서툰 딸이 어떻게 살아갈지 걱정이 앞선다. 늘 "엄마 이 음식은 어떻게 해야 이렇게 맛있는 거야?" 하면서도 뭐가 그리 바쁜지 정작 배울 생각은 없어 보인다. 다행히 곁에 살게 되었으니, 당분간은 내 손길이 필요할 것 같다.

결혼이란 수많은 재료가 어우러져 익히고 발효되어 새로운 맛을 내는 동치미처럼 20점, 30점짜리 둘이 만나 100점을 향해 걸어가는 것이다.

처음 풋내나던 채소가 깊은 맛으로 익어가는 과정은 결혼생활도 이와 닮았다.

맹물이었던 무無맛이 감칠맛 나는 동치미가 되려면 서로 어우러지고 주어진 환경에 순응해야만 새로운 맛으로 탄생한다.

딸은 이제부터 새로운 환경에서 적응하며 다가오는 삶의 무게를 스스로 감당해야 할 것이지만, 그만큼 행복하고 감동하는 일도 많을 것이다. 모난 돌이 몽돌이 되기까지 거친 물살에 쓸리고 부딪히는 과정이 필요하듯 힘든 시간을 슬기롭게 잘 해결할 것으로 믿는다. 신중하고 차분해도 처음 접하는 일들이 생각대로 되지 않다는 것을 하나씩 하나씩 알아가면서 이겨나가길 빈다.

결혼에서 가장 힘든 부분은 부부가 생각이 다른 점이다. 사위와 성격이 비슷하니 부딪히는 일이 많지 않겠지만, 가치관은 다를 수 있으니 그럴 때마다 상대를 탓하지 말고 부부의 생각이 서로 다를 수도 있음을 인정하며 배려가 필요할 것이다. 상대방을 배려하는 마음이야말로 서로 존중하고, 믿음이 두터워지는 거라며 어쩔 수 없는 상황이 오면 사위의 의견을 잘 존중해 주라고 말한다. 늘 설교하듯 당부하는 것은 첫째도 둘째도 사랑하는 마음이라고 했다. 이것만 있으면 모든 것이 다 해결되니 말이다.

예식 마지막 순서로 신랑 측 대표 인사말이 끝나고, 신부 엄마인 내가 감사 인사를 올렸다. 딸아이 부부에게 짧은 당부도 겸했다.

오늘, 여기 두 사람은 인생의 정원에 나무 한 그루 심었습니다. 이 묘목이 노거수가 될 때까지 무럭무럭 잘 자랄 수 있도록 물도 주고 시기에 맞춰 약도 주어야 합니다. 때로는 소나기가 퍼부어 나뭇잎이 모두 떨어지고, 태풍이 찾아와 나뭇가지가 꺾이어도 좌절하지 말고 정성을 다하여야 합니다. 도중에 포기해버리면 나무는 끝내 죽고 말 것입니다. 정성을 다해 기르다 보면 언젠가는 아름답고 화려한 꽃도 피고, 탐스럽고 열매가 주렁주렁 열릴 것입니다. 부모는 이 어린나무가 뿌리가 잘 내릴 때까지 햇볕도 쏘이고, 좋은 공기도 불어 넣고, 더울 때는 그늘이 되고 추울 때는 이불이 되어 보호할 것입니다. 현실을 너무 두려워 말고, 두 사람은 힘을 합쳐 열심히 그리고 아름답게 잘 살아가기를 바랍니다.

답례 인사가 아닌 엄마의 주례사가 되었지만, 엄마의 염원이 다 들어있는 이 말을 둘은 잘 새겨들었을 것이라 믿는다.

괴테는 "결혼만큼 본질적으로 자기 행복이 걸려 있는 것도 없다. 결혼생활도 참다운 뜻에서 연애의 시작이다"고 했다. 결혼이 행복을 주는 게 아니라 행복도 내가 만들어 가야 한다는 것처럼 노력해야 한다는 의미이다.

음식에도 동치미에 고구마가 최고의 궁합이듯, 딸과 사위에도 서로의 선택이 가장 빛나는 삶이 되길 기도한다.

기도

다슬깃국 한 그릇을 앞에 두고 그녀는 눈물을 흘렸다. 투병을 시작한 지 어언 일 년, 코로나로 인하여 면회도 어려웠던 시기에는 오로지 가족만이 그녀를 가까이 차지했다. 밤과 낮을 구별하지 않고 찾아드는 고통은 그녀의 삶을 연장하는 혹독한 대가이다. 그녀에게 지난 일 년의 삶은 다른 이의 십 년 무게와 같았다.

그녀가 먹을 만한 음식을 장만하여 그녀의 대문 앞에 놓고 가기를 몇 번, 오늘도 다슬깃국을 끓여 몇 숟갈 먹이고 나오는 길이다.

그녀를 두고 무거운 마음을 털어낼 겸 산성으로 향했다. 등산화가 아닌 낡은 운동화가 조금은 미끄러웠지만, 마음만 가벼워진다면 불편함은 참을 만했다. 성벽 위의 등산로는 천년의 흔적이 잠들어 있듯 고요만이 가득했다. 가끔은 찾아오는 이곳은 어떤 날은 힘에 부쳐 버겁기도 하고, 어떤 날은 머릿속에 반짝이는 생각으로 답을 얻기도 했다. 얼마나 많은 사람의 고민과 생각이 이 길에 뿌려졌을까, 등산객에 다져진 길을 걸으며 마주하는 나무와 꽃과 새들을 본다. 자연 앞에서는 늘 숙연해진다. 수백 년을 버티고 버텨 내어 거목이 되고, 어렵게 꽃도 피우는데 그녀도 살아나야 하지 않겠냐고 애원해 본다.

오늘은 오로지 그녀의 앞날을 걱정하고 그녀만을 생각한다.

성벽 아래 아스라이 둘러 퍼진 돌담이 그녀의 지나온 길을 쌓아 놓은 것만 같다.

그녀는 나와 같은 시기에 태어나 학창 시절을 함께 했다. 나와는 달리 장녀로서 집념이 강하고 카리스마도 있었다. 고등학교를 졸업하고 은행에 근무하면서 동생들을 뒷바라지하며 느지막이 야간 대학을 졸업했다. 일찍이 조그마한 사업을 시작했다. 성실함과 사교성이 좋았던 그녀는 하는 일에 좋은 성과를 내고 승승장구했다. 결혼도 잘하고 자식들도 잘 키우고 아늑한 전원주택을 마련도 했다. 그러던 지난해, 갑자기 암이라는 늪에 빠졌다. 이제 이순을 넘긴 나이인데 이승의 기한이 다하는 날까지 함께하자고 약속했던 그녀를 데려갈까 봐 나는 벌써 슬퍼진다.

서문에 올라서니 하늘을 비질하는 구름이 길을 안내한다. 구름이 지나간 하늘이 더욱 파랗다. 하늘이 높게 보이는 것은 공기 중에 먼지가 적어 빛의 산란이 적기 때문이며, 하늘의 색이 파랗게 보이는 것은 아주 높은 곳의 미세한 공기 분자에서 태양 빛이 산란하기 때문이다. 만약 산란이 없다면 하늘은 검게 보였을 것이다. 내가 절망할 수 없는 것은 그녀가 발하는 빛의 산란으로 늘 행복하기 때문이다.

정상에 올라 하늘을 향해 두 팔을 휘이휘이 내젓는다. "병마야 물러가라" 그녀를 향해 쳐들어오는 암세포를 물리쳐야만 한다.

산성은 적을 방어하거나 백성들을 피난시키기 위하여 쌓는다. 암의 왜란으로부터 점령당한 그녀를 이 성안에 꼭꼭 감추고야 말리라, 그러나 그녀의 몸속을 차지하는 암세포는 적병처럼 막강하기만 하다. 지금, 이 순간에도 점점 야위어가는 그녀를 잃을까 두렵다. 내가 할 수 있는 건 오로지 기도뿐이다.

오후, 산성의 얼굴은 성숙한 여인이고, 가을볕은 무심하게 빛나고, 떨켜를 모르는 소나무는 아직도 성성하다. 이 고통을 이기고 내년이면 그녀와 함께 나란히 서서 저 활기찬 도시를 내려다보리라.

성벽은 그냥 돌이 아니고, 그냥 벽이 아니다. 믿음의 벽이다. 둘은 서로의 성벽이었다. 나는 믿음의 군사 되어 성큼성큼 성가퀴를 걸어가며 성을 맴돌고 있다.

뒷모습이 아름다운 사람

올해의 마지막 달인 12월이다. 며칠이 지나면 새해를 맞이한다. 영어에서 1월(January)은 '야누스의 달'을 뜻한다. 야누스는 로마 신화에 등장하는 문을 지키는 신으로 앞뒤가 다른 두 얼굴을 가졌다. 한쪽 얼굴은 살아온 한해를 되돌아보고, 다른 한쪽은 새해를 맞이하는 모습이다. 야누스는 시작의 신이라는 직함에 걸맞게 새해의 문을 지키며 액운을 물리치고 행운을 가져다줄 것이라고 믿어 본다.

올해도 대내외적으로 늘 불안한 한해였다. 세상의 악재 속에서도 시간은 여전히 진행형이다. 이 풍진 세상을 살아가고 있는 사람들은 새해에는 혹시나 하는 기대감으로 애써 기분을 추스른다.

이중적인 얼굴을 가진 야누스 얼굴을 바라보며 나는 지금껏 살아오면서 야누스와 같이 두 얼굴을 가진 이중적 얼굴이 아니었을까? 반문해 본다. 내가 생각하는 나의 모습과 남이 생각하는 나의 모습이 다르다면 그것은 나의 진심이 전달되지 않을 수도 있고, 나의 다른 면을 보았을 수도 있다. 원하지 않아도 인간은 누구나 야누스의 두 얼굴이 되기에 십상이다.

사람들은 뒷모습엔 초연하다.

프랑스 작가 미셸 투르니에의 사진 에세이집 〈뒷모습〉의 첫 장에 작가는 "등은 거짓말을 할 줄 모른다."라고 적혀 있다. 우리의 앞모습은 마음대로 꾸밀 수도 있고, 거짓 표정으로 내면의 생각을 감출 수 있다. 행동 역시도 얼마든지 가식적으로 보여줄 수 있지만, 다른 이들에게 평가하는 뒷모습은 거짓이 없다. 이런 것을 생각하면 좀 더 겸손해야 하지 않을까 하는 생각이 든다.

어리석은 사람은 앞의 쾌락만 좇다가 뒤에 서 있는 행운의 여신을 영영 발견하지 못한 채로 살아간다. 욕심을 버리고 자신의 뒷모습을 바라보는 이만이 그 행운을 잡을 수가 있다. 특별한 시선이 있는 미셸 트루니에의 뒷모습을 읽으며 다른 사람을 평가하기보다는 나 자신을 돌아보는 시간이 되었다.

레오나르도 다 빈치가 그린 '최후의 만찬'에서 화가는 예수의 모델과 가룟 유다의 모델이 같은 사람이라는 사실을 전혀 몰랐다고 했다. 사람의 모습은 이처럼 누구든지 야누스의 두 얼굴로 변할 수 있는 것이다. 그 사람의 얼굴은 마음이 만든다. 늘 일체유심조一切唯心造의 마음으로 살아간다면 그 끝은 아름답게 마무리될 것이라는 생각에 이른다.

지난 4년 동안, 문학회 회장을 맡으며 회원들의 앞에 서 있었다. 자리를 내려가는 지금의 나의 뒷모습이 회원들에게 어떤 기억으로 남을까 궁금하다. 나에게 던져준 열정이란 소임을 다하고 내려가는 나의 뒷모습이 아름다웠노라고 기억을 갖게 하고 싶다.

해가 갈수록 나는 노인의 모습으로 변해가고 있다. 주름은 늘고, 허리는 굽어지고, 키는 점점 작아진다. 외모는 남기고 싶지 않은 노년의 모습이지만, 남겨질 뒷모습을 생각하면 내면을 가꾸며 살아야겠다는 마음에는 변함이 없다. 어느 초로의 여인이 자신의 사진을 찍으며 사진사에게 부탁했다. "지금의 이 모습 그대로 주름 하나까지도 모두 나오게 찍어주세요. 이런 모습을 가지려고 육십 평생을 가꾸어 왔답니다."

자신의 참모습은 향기가 아닐까 한다. 어떻게 살아왔는가에 따라서 좋은 향기가 날 수도 나쁜 냄새를 내뿜을 수 있다. 사람의 품격이 그 사람의 향기이다. 뒷모습은 살아온 삶의 향가가 빚어내는 자태가 아닐까. 나이가 들어 세월의 흔적은 깊어지더라도 삶의 향기는 더욱더 짙어 간다.

능이 아름다워야 뒷모습이 아름답듯이 자신의 신실을 보여줄 때 뒷모습도 아름다울 것이다. 남은 한 해도, 다가오는 새해에도 나와 인연을 맺은 사람들에게 아름다운 뒷모습을 남기고 싶다.

나의 달항아리

계묘년 새해가 밝았다. 새해 인사를 주고받는 해맞이 영상이 하루에도 서너 개씩 붉은 해를 띄운다. 붉은 영상을 보고 있노라면 잠깐이지만 내 작은 소망도 덩달아 떠 오른다.

정초가 되면 마음을 정리하며 지난 한 해 동안 마음속 달항아리를 비운다. 별빛 같은 추억, 새로운 만남의 시간, 지키지 못한 눈먼 약속, 아프고 괴로웠던 일들을 모두 비운다. 미련 없이 비우고 나니 아쉬움과 반성이 교차 되며 내가 진정으로 할 수 있는 것이 무엇인지 좀 더욱 신중해진다.

새해 아침, 다시 목표를 정하여 달항아리에 담을 준비를 한다. 우선 원초적인 삶의 일부를 담아본다. 다이어트, 하루에 30분씩 운동하기, 당뇨에 좋은 음식 챙기기, 너무 통속적인 것만 나열하니 부끄러워진다. 올해에 꼭 하고 싶은 것은 세 번째 수필집을 출간하는 것이다. 그러기 위해서는 새로운 관념이나 이념과 사고를 차곡차곡 쌓아 담아 볼 요량이다.

그동안 글을 쓴다고 하면서도 진정한 글의 의미도 모른 채 2주에 한 번씩 신문에 실리기에 바빴다. 내가 누군지 조차 모르고 내가 어디에 있는지도 모르니 쓰니 잡문이 될 수밖에 없었다. 원고를 퇴고하고 나면 흡족하지 못한 글에서 달아나고 싶어 멀리 도망치지만, 글에 대한 평가가 나 자신에게 되돌아왔다. 아직도 글의 늪에 발이 덤벙 빠지고, 미로에 갇혀 애면글면하지만 결국 나를 닮은 애매모호한 작품 속에서 늘 허우적거려야만 했다.

좋은 영화나 인기 있는 드라마를 볼 때마다 인간의 한계를 넘어서는 작가의 뛰어난 영감에 큰 에너지를 받는다. 이들이야말로 날카로운 바늘로 잠자는 자신의 영혼을 끊임없이 찔러 깨우면서 창작에 심혈을 기울이는 모습에서 나와는 결이 다름을 느낀다. 그들의 작품을 볼 적마다 큰 굉음을 듣는 느낌이다. 큰 굉음으로 고막이 먹먹해져 오면 오히려 침묵하게 된다. 침묵으로 독자를 감동하게 하는 필력을 담아내는 이런 작가에게서 고려 백자 같은 천재성에 신선한 충격을 받곤 한다. 그들 같은 백자가 되려면 나는 얼마 동안 갈고 닦아야만 할까.

그동안은 원초적인 삶을 해결하기 위해 타성에 젖어 있었다.

맛있는 음식을 먹으면서 음식을 만든 사람에게만 고마워할 줄만 알았지, 정성을 다하는 요리장의 마음, 손님을 위해 아늑한 분위기를 만든 식당 주인, 좋은 식재료를 생산하기 위해 옥토를 가꾸는 농부, 적당한 햇빛과 온도를 내어주는 자연. 모든 게 하나로 이어진다는 것을 이제야 조금 알 것 같다.

보는 눈이 커지고 보는 마음이 커져야 비로소 감동을 일으키는 결과물이 탄생하기 마련이다.

구도자가 평생을 헤매다 돌아오는 곳은 결국 자기 자신이라는 이야기가 있다. 최고 성능의 천체망원경으로 우주를 들여다보면 자기 뒤통수가 보인다는 이야기도 있다.

달항아리를, 찾는 일은 끊임없이 자신을 되돌아보는 것이다.

달항아리에 담을 수 있는 것은 끝내 변하지 않는 내면의 세계이다.

글을 쓰는 이유도 자신이 낸 창문을 통해 세상을 내다보기 위함이었고, 자신을 들여다보기 위함이란 것을, 결국, 세상의 모든 예술도, 종교도 나를 찾는 일이다.

나의 세계, 나의 우주, 나의 마음을 담아 나의 모습으로 태어나고 나의 모습이 곧 항아리 형상으로 남는다.

눈에 보이는 색色을 비워야 눈에 보이지 않는 공空을 채울 수 있다. 색色은 실체이며 공空은 곧 에너지다. 에너지는 삶의 동력이다.

올 한 해 동안 달항아리에 정녕, 공空이 가득 담기길 바라는 세모 아침이다.

겨울 연가

계절의 시계가 제자리를 찾아 겨울에서 멈췄다. 오늘도 짧은 해는 이삭 줍듯 서둘러 서녘 하늘에 가 있다. 겨울은 정리, 차분, 고요, 겸손이라는 어감으로 다가온다.

소한이 지난 주말 오후, 근교에 있는 메타세쿼이아 길을 찾았다. 도열해 있는 나무가 한 폭의 아름다운 풍경화를 그려 놓았다. 명징한 푸른 하늘 속으로 빨려 들어갈 듯 시원하게 솟구쳐 뻗어 오른 나뭇가지는 지난 계절의 찬란했던 시간을 안고 의연하게 서 있다.

나무 앞에 서니 문득, 유년 시절, 고무 판화에 그렸던 나무가 생각난다. 조각칼에 손을 베여가며 앙상한 나무를 그리고 잉크를 바른 뒤 찍고 또 찍어내던 그림이 바로, 이 나무였지 싶다. 검고 어눕지만 힘차게 뻗어 올라가는 나무를 보면 영하 20도 혹한에 웃통 벗고 훈련받는 무적 해병 같다는 느낌이 든다. 추위와 어둠을 묵묵히 견뎌내는 우직함은 차라리 쓸쓸함마저 느껴진다.

얼마 전, 친구가 찾아왔다. 메타세쿼이아 가로수길이 보이는 경치가 아름다운 찻집에서 차를 마셨다. 메타세쿼이아 가로수처럼 미끈하고 생생했던 그녀에게 무슨 일이 있었는지 지금의 저 나목처럼 야위었다. 결혼한 아들이 아이 갖는 문제로 부부 갈등이 있다고 했다. 그녀의 얼굴에 겨울 음영이 깊게 드리워졌다. 가로수길을 걸으며 자신들의 선택에 순응할 수밖에 없지 않으냐고 위로하였지만, 발소리조차 들리지 않는 적요寂寥의 순간은 길게 이어졌다. 오후가 되자 바람이 불어왔다. 영하의 바람이지만 오히려 시원한 느낌이 들었다. 둘의 마음을 씻기기라도 할 듯 눈이 내렸다. 위초리에서 녹아내리는 물방울은 참은 눈물을 떨구는 것 같아 더 시려왔다. 자손을 잇는다는 것은 내가 존재했음을 남기는 것이다.

식물도 마찬가지로 씨가 있어야 종種이 살아남는다.

메타세쿼이아는 산불이 나서 씨앗이 발아해야 울창한 숲을 이룰 수 있다. 산불에 강한 세쿼이아는 솔방울이 두껍고 딱딱한 껍질 속에 수분을 보관하고 있어 200℃가 되어야 솔방울이 터져 씨앗으로 번식할 수가 있다. 그래서 일부러 산불을 내기도 한다. 메타세쿼이아가 '씨'로 싹을 틔우기 위해서는 산불 같은 모험을 겪어야 하듯이 대를 잇는다는 것은 본능이다.

하늘만 보고 오르는 메타세쿼이아는 곁가지마저 늠름하다. 나무를 보고 있노라면 마치 젊은 청춘의 양기가 뻗쳐오르는 것 같아 힘이 북돋는다. 아득한 저 끝을 향하여 목마른 질주를 하는 까닭은 그 끝에서야 빛을 볼 수 있기 때문이리라, 그 향기 어떤가, 피톤치드의 향은 마지막 음식을 먹고 마시는 후식 같은 개운함이 있다.

세상은 갈수록 모두가 죽기 살기로 가파른 오르막길을 오르려 애쓰고 있다. 이 힘겨운 자신과 싸움은 자신이 올라간 그만큼의 높이에서 그 만큼의 시원한 바람과 빛을 볼 수 있기 때문이리라.

겨울은 날선, 냉정, 치열, 철벽이라는 어감으로 다가온다.

겨울은 다음 세대를 품기 위해 몸을 만드는 냉혹한 훈련인 동시에 마음도 성장하는 시기이다.

위기를 극복할 겨울이 없다면, 빛나는 봄도 오지 않으리라.

어머니의 달

정월 대보름을 맞아서 몇 년 만에 묵은 나물과 오곡밥을 준비했다. 평소 밀키트 식품을 애용하던 내가 이날만은 반조리 제품을 사용하지 않고 직접 손맛을 보이기로 했다. 잡곡을 섞어 놓은 쌀을 준비하고 취나물, 호박 나물, 말린 고구마 줄기, 가지나물, 깻잎순을 불리고 삶고 지지고 볶고 무치다 보니 들기름 한 병이 바닥이 보인다. 지난해 결혼한 딸과 사위를 불렀다. 나의 정성을 다한 밥상 앞에서 사위와 딸이 감격한다. 모두가 맛있게 식사하니 올 한해 건강을 지키기 위해 애쓴 보람이 있는 것 같다.

대보름을 잘 모르던 어릴 적에는 어머니가 만들어 주시던 까끌까끌한 잡곡밥과 묵은 냄새가 폴폴 나는 나물이 못마땅했다. 먹는 둥 마는 둥 수저를 놓으면 어머니는 김에 싸서 밥상에 놓아주셨다. 그 밥에 자식의 건강과 복을 바라는 어머니의 마음과 정성이 담겨있다는 것을 나이가 들어 알게 되었다.

어머니는 봄부터 가을까지 수확해서 말린 시래기와 호박고지,

아주까리 잎, 고구마 줄기, 건 고춧잎, 질경이, 버섯, 고사리, 도라지, 토란대까지 정성을 다해 준비해 두었다가 정월 대보름이면 십여 가지의 나물을 밥상에 올리셨다. 대보름에 묵은 나물을 먹으면 여름에 더위를 먹지 않는다고 믿으셨다. 보름날 아침에는 부럼을 깨물며 종기나 부스럼 등의 피부 질환이 나지 않기를 빌었다. 동시에 손수 담근 차가운 맑은술로 귀밝이술을 마시며 귀를 밝게 만들어 좋은 소식만 듣게 되길 소원했다.

품 안의 자식이 탈이 날까 먹이고 입혀준 어머니의 정성은 자신을 잃어버린 시간과 맞바꾸며 긴 세월을 당연하게 받아들이셨다. 돌아보면 몸이 허약한 어머니는 늘 몸살을 달고 사셨다. 그런데도 그 작은 체구로 지치고 힘들 때마다 오로지 하나님만 의지하며 팔십 성상을 버텨내셨다.

결혼 후, 사실 나는 인생의 바닥을 치며 주위를 둘러볼 여유가 없었다. 삶의 긴 터널을 지나서 오십이 되니 별안간 갱년기로 더 깊은 터널로 빠져들었다. 나 역시 두 자식을 위해 버텨냈다. 나를 바닥에서 끄집어낸 것은 하나님이 아닌 어머니였다. 그런 어머니를 일으켜 세우지 못한 나는 얼마나 불효자였던가.

돌아가신 어머니의 잃어버린 시간이 오늘따라 더욱 사무치게 그립다. 그래도 이렇게 세상을 밝게 살아갈 수 있었던 힘은 어머니가 품은 삶을 존중하고 소중히 여기며, 늘 향유(享有)하며, 영혼에 새긴 이야기를 늘 펼쳐보며 나의 몸을 일으켰기 때문이다. 어머니를 생각하면 언제나 아픈 것은 내 힘들었을 때마다 곁을 지켜 주셨음을 믿기 때문일 것이다.

어머니는 보름달이다.

둥근 달을 보면 기도하게 된다. 두 눈을 감으면 어느새 어머니가 나를 부드럽게 감싼다. 오늘 밤도 보름달이 내 곁을 지키고 있다.

어둠 짙은 미지의 세상을 밝혀 주는 어머니의 달. 어둠 속에서 헤매고 있는 자식에게 등대가 되어 마침내 종착역에 도착할 수 있게 한다.

살아서 이미 다 주시고도 돌아가셔서는 둥근 달이 되어 더 주고 계시는 어머니, 나는 그 사랑을 다 받았음에도 더 받고 싶어 늘 보름달 아래서 서성인다.

돌아가는 길

2월 17일. 정○○ 씨 (여, 87세) 160㎝, 50㎏.

실종 당시 붉은 색상의 상의, 검은색 하의, 검정 신발 착용.

오전 근무 중에 충북경찰청 실종 안내 문자가 떴다.

"치매 어르신이 또 집을 나갔군" 가족들이 얼마나 찾아 헤맬까 걱정은 되었지만, 요즘 들어 빈번하게 뜨는 문자라 무심코 핸드폰을 닫았다. 그런데 이상하게 다시 열어, 보고픔이 나를 재우친다. 초등학교 동창 모친일지 모른다는 생각이 선뜻 고개를 든다. 하지만 밀린 일로 문자를 접어 두었다가 잊어버렸다.

퇴근 무렵, 초등학교 상조회 카톡방이 울린다. 부고 알림이다.

고(故) 정○○

아들 ○○○, 딸 ○○○, 사위 ○○○.

상주 명단을 보니 오전에 실종 안내 문자가 퍼뜩 생각이 났다. 그때 떠올랐던 그 친구다. 이럴 수가, 뜻밖의 소식에 순간 충격을 받았다.

퇴근 후 장례식장에서 마주한 상주의 안색이 몹시 어두웠다. 친구는 무엇보다도 가족을 방치했다는 자책감으로 더욱 괴로워하고 있었다. 친구 어머니는 몇 년 전부터 심해지는 치매로 가출이 잦아져 늘 불안했다고 했다. 사고 전날에도 동네 사람들이 오후 내내 어머니를 찾아 헤맸지만 찾지 못했다. 그렇게 하룻밤을 보내고 말았다. 다음 날 실종신고를 하고 나서야 어머니를 목격한 사람으로부터 신고가 들어왔다고 했다. 찾아가 보니 어머니는 이미 운명한 뒤였다.

어머니는 집에서 3km 떨어진 고속도로 교차로 부근 농지에서 저체온증으로 세상을 떠나신 것이다. 그날 밤 혹한에 어머니는 차디찬 바닥에서 사경을 헤매며 얼마나 무섭고 두려웠을까, 기억에서 사라진 집을 찾아 헤매느라 몰골이 말이 아니었다고 했다. 어머니의 처참한 모습을 본 이 친구는 또 얼마나 충격이었을까.

장례식장은 집안 일가친척들로 북적였다. 어릴 적 그 친구의 마을은 같은 성씨로 100여 가구가 모여 사는 집성촌이었다. 사촌, 당숙 간으로 울도 담도 없는 전형적인 농촌 마을로 명절이나 집안 행사 때면 집안끼리 우르르 몰려왔다 썰물처럼 빠져나갔다. 그 모습은 누구도 넘볼 수 없는 그 집안의 경계선이 분명해 보였다. 그렇게 한 세대가 서서히 가고 다시 후손들이 그 연륜을 쌓아 가고 있다.

같은 집안이지만 조금 더 가진 이와 그렇지 못한 이가 있기 마련이다. 친구네는 가난과 배고픔으로 힘들게 살았다. 집안 형편으로 초등학교를 졸업하고 일찍이 산업전선에 뛰어들어야만 했다. 갖은 고생 끝에 논 마지기를 마련하였으나, 어머니가 노후에 들면서 치매로 힘들게 했다.

치매 어머니를 모시며 친구는 자신의 생활을 잃어버린 삶이었을 것이다. 24시간 어머니에게 주의를 집중해야 하니 시간에 대한 요구와 압박으로 부부와의 갈등도 많았으리라, 누님과 여동생이 있었지만, 외동아들의 짐을 벗어버리지 못하고 혼자만의 돌봄으로 건강마저 나빠졌다, 빠듯한 살림살이로 재정적 부담도 만만치 않았으리라, 요양원에도 모시지 못하고 그저 숙명이려니 받아들였다. 그럴 때마다 불쑥불쑥 찾아드는 부정적 감정들로 생활에 의미가 없어지고, 낙담과 우울감으로 정신적인 스트레스도 많았을 것이다.

영정사진이 평온하기만 하다.

누굴 찾아 나섰다가 저세상까지 가신 걸까.

어쩌면 이쯤에서 생을 마감한 것이 어머니의 선택이 아니었을까, 아무리 노력해도 다시 좋아질 가능성이 없다면 남겨진 이들에게 고통만 줄 수 있다는 생각이 들기도 하지 않았을까.

20년 후, 나 역시 이 이야기의 주인공이 될 수 있는 일이다.

요즘, 안락사니, 존엄사니 하며 시시비비를 가리고 있지만, 과연 죽음을 어떻게 맞이하는 것이 바람직한지는 그 누구도 대답하지 못한다. 오늘 아침, 보도에 미국 제39대 대통령인 지미 카터는 98세로 간과 뇌로 퍼진 피부암 흑색종과 반복적인 낙상으로 건강이 급속도로 악화하여 더 이상의 병원 치료를 중단하고 조지아에 있는 자택에서 호스피스 치료를 받기로 했다고 뉴스를 보았다.

죽음의 고통은 지위고하地位高下를 막론하고 자비가 없어 보인다. 고통 없는 죽음은 없는 것인가.

다음날에도 경찰청 실종 안내 문자가 또 떴다. 이번에는 내 나이의 치매 여성이다. 나와 같은 나이의 여성 환자. 남 일 같지 않다.

간격

이십여 년 전, 초등학교 동창들이 모여 상조회를 결성했다. 서로 어울리는 것 자체가 좋아서 모임을 만들고 그러다가 이제 60대 중반이 되었다. 시골 초등학교 시절, 6년 내내 딱 두 반이었던 관계로 '누구' 하면 '아! 그 애'하고 1분 안에 떠올랐다. 언제 만나도 반갑고 거리감 없는 막역한 사이로 서로 기대며 지내왔다. 젊어서 그만그만하게 살아온 친구들은 지금도 큰 변함이 없다. 대개는 은퇴하고 제2의 인생을 살고 있고, 더러는 아직도 일선에서 일하고 있다. 시골 출신의 그 순수한 마음이 그대로 있어서인지 현재 상황에 감사하고 지금보다 나쁘지 않음을 다행으로 여기며 삶을 즐기며 살아가고 있다. 코로나 팬데믹이 끝나고 엔데믹이 본격화하며 여행이 자유로워지기 시작했다.

지난 모임에서 우리가 더 늙기 전에 해외여행을 다녀오자는 의견이 모아져서 베트남 여행이 이루어졌다.

2월 말 한국 날씨는 겨울 막바지로 쌀쌀했다. 인천공항 F 게이트에 각지에서 모인 스물두 명이 출발 기념으로 단체 사진을 찍었다.

저녁 7시에 호찌민으로 향하는 비행기에 탑승한 우리는 자정이 지나서야 공항에 도착했다. 공항에서 내리자 후덥지근한 기온으로 남자 동창들은 벌써 반 팔 복장으로 갈아입었다. 호텔에서 잠시 휴식을 취하고 아침부터 따가운 햇볕을 받으며 베트남 이곳저곳을 다녔다. 통일 궁이며 전쟁박물관, 와인캐슬 주조회사까지 가이드 뒤를 발맘발맘 따라가며 베트남의 역사와 문화를 공부했다. 점심은 한인이 운영하는 식당으로 갔다. 망고, 용과, 수박 등 열대과일을 원 없이 먹을 수 있어 좋았다.

다음날, 그동안 가슴에 품고 있었던 베트남 무이네로 향했다.

무이네는 베트남 남부 판티엣 부근에 있는 해변 휴양지이다. 우리는 사막을 돌아보기 위해 지프 일곱 대에 나눠타고 한 시간 남짓 달려 사막에 도착했다. 에어컨이 없는 지프는 사면이 뚫려있어서 매우 시원했다.

사막이 아닌 초원의 한가운데 위치한 이곳은 두 군데의 모래 언덕이 있는데 모래색이 흰색인 화이트샌듄과 모래색이 붉은색인 레드샌듄이 있었다.

사실 여기는 사막이 아닌 '사구' 모래 언덕인데, 규모가 워낙 커서 사람들이 느끼기엔 사막과 다름없었다. 사막의 특성상 일 년 내내 바람이 많이 분다. 산처럼 쌓인 모래 결을 보면서 바람이 많이 분다는 것을 실감할 수 있었다. 바다와 사막이 공존하는 무이네 사막에서 친구들은 사륜 바이크 투어를 하면서 흰 모래 사구와 붉은 모래 사구를 마음껏 달리고 달렸다. 거센 바람과 바이크 투어로 인해 온몸 구석구석에 모래가 박혔지만, 베트남 무이네 사막, 화이트샌듄에서의 사륜 오토바이는 정말 스릴 있고 재미있는 경험이었다.

사막 투어를 끝내고 동양의 그랜드 캐니언이라 불리는 무이네의 '요정의 샘'으로 이동했다. 생각 외로 맑은 샘물이 아니라 흙탕물이라 맨발로 걷기가 부담스러웠다. 이곳은 가뭄이 와도 365일 마르지 않는 걸로 유명하다. 석회암이 풍화작용으로 빨간 절벽들이 만들어진 것도 신기했고, 물은 도대체 어디서부터 나오는 건지 끝도 없이 흐르고 있었다. 맨발로 걷다 보니 바닥에 뾰족한 돌멩이가 많아서 여기저기서 호소하는 소리가 들렸다. 여자 친구들이 돌에 걸려 비틀거리면 어느새 남자친구가 와서 손을 꽉 잡아주었다. 여자들은 엘프 요정이 되고, 남자들은 도깨비 요정이 되어 물속을 걸었다.

저녁에는 베트남 전통 마사지 숍에서 전신 마사지로 몸의 피로를 풀었다. 마사지를 받고 나오는 친구들의 얼굴에는 하나같이 화색 감돌았다.

오늘은 므엉탄 홀리데이 호텔에 숙박했다. 호텔 리조트 곳곳에 푸른 식물이 가득해 마치 정글에 온 듯했다. 객실 테라스에서는 탁 트인 바다를 비롯하여 아름다운 꽃들이 동남아의 정취를 그대로 느낄 수 있었다.

마지막 날은 야자수가 즐비한 비치 리조트에 모두 모여 맥주 한잔으로 아쉬움을 달랬다. 이제 친구들은 자식들을 결혼시켜 무거운 짐을 내려놓고 홀가분한 몸으로 자신만의 시간을 누릴 나이가 되었다. 처음으로 긴 시간을 보내며 그동안 살아온 그들만이 만들어 온 인성, 가치관, 태도를 고스란히 엿볼 수 있었다. 민낯도 부끄럽지 않았던 친구들은 서로 손을 잡았다. 전해오는 체온이 따뜻했다.

3박 5일 동안, 어디가 불편하지 않은지 늘 살피는 친구, 안보를 걱정해 주는 친구, 무거운 가방을 들어주는 친구, 지루할세라 늘 웃게 해 주는 친구, 배탈로 인해 몸이 불편한 친구에게 약을 전해 주는 친구, 이렇게 우리들의 간격은 베트남의 붉디붉은 부켄 베리아 꽃처럼 잊을 수 없는 거리가 되었다.

인생총량의 법칙

사람마다 평생에 걸쳐 경험하는 수량이나 무게가 정해져 있다는 총량의 법칙.

어릴 적 내 성격은 내성적이며, 혼자 있기 좋아하고 멘탈도 약했다. 자신감과 자기 확신이 없었던 유년 시절은 그저 부모님 말씀 잘 듣고 학교에서는 존재감마저 희미했었다. 그러다가 사춘기를 맞이하면서 성격이 급격하게 변했다. 어디서 그런 에너지가 생겼는지 남자 친구들과 밤거리를 누비며 시간 가는 줄 모르고 놀았다. 그럼 내 인생은 어떻게 되었을까. 내 인생은 망가졌을까. 아니었다. 내 인생에는 아무 일도 일어나지 않았다. 요즈음 MBTI로 말하자면 ESFP(자유분방)에 해당했다. 그때 마음껏 지낸 시간 때문인지 성인이 되어서는 차츰 성격이 다시 ENTJ(목표지향적)로 변해갔다. 살아가면서 생각이 바뀌고 가치관이 형성되는데 성격도 충분히 바뀔 수 있다는 것을 알았다.

인생 총량의 법칙을 믿지 않을 수가 없는 것은 학교 다닐 때는 수학을 정말 못했다. 나는 금방 수학 포기자 되었다. 삼각함수, 미분, 적분. 수학을 써먹을 일도 없는데 왜 이렇게 배워야 하나, 숫자만 보아도 진절머리가 났다. 난 절대 수와 관련된 일은 안 하겠다고 다짐했다. 그런데 웬걸 사회에 나와서 수학과 관련된 회계업무를 환갑이 지나도록 하고 있다. 숫자와 일상인 삶을 살고 있는 것이다. 난 이 법칙을 믿는다. 언젠가는 겪어야 할 일이니까, 그래서 힘든 일이 생기더라도 피하지 않고 정면 돌파했다.

태어날 때부터 좋은 부모를 만나서 호의호식하며 살다가 집안이 망해서 갑자기 나락으로 떨어지는 사람도 있다. 반대로 없는 부모에게서 태어나 갖은 고생을 겪고 노력하여 성공한 인생을 사는 사람도 있다. 사람마다 평생에 걸쳐 경험하는 행복이나 불행도 총량이 정해져 있어 평생 행복하기만 한 것도 아니고 불행한 것도 아니다.

까칠하던 중년의 내 시간은 모든 게 못마땅했다. 옳고 그름을 분명하게 선을 긋고, 직장에서나 가정에서나 빈틈없이 정리되어야만 마음이 놓였다. 그러다 지천명을 지나니 소년기에 총량을 다 못 채웠는지 성격이 차츰 바뀌기 시작했다. 조금 손해 보는 것을 두려워하지 않고, 상대방의 작은 약점들을 적당히 눈감아주게 되었다. 누구나 완벽하지 않으니 사소한 약점 하나로 그 사람 전체를 파악하려고 하지 않았다. 시시각각 부딪히는 일들에 속상해도 내색하지 않았다.

일생 겪는 총량의 법칙은 시기만 다를 뿐 다 똑같다고 생각했기 때문이다.

선물처럼 찾아온 행복이 영원할 것이라고 착각하지도, 갑작스러운 우울함에 너무 절망하지도 않았다.

이렇게 사람마다 일생 소비하는 희로애락의 양이 같다고 보면, 지금 잘나간다고 들떠 있을 필요도 없고, 초라하다고 기죽을 이유도 없다.

그리하여 좋을 때는 오히려 겸손해지고 힘겨울 땐 그것도 끝이 있다고 달래며 용기를 낼 수 있었다. 불행의 구슬을 먼저 집었고 행복의 구슬이 남아 있다고 생각하면 살면서 희망을 품었다. 이것들은 수치나 정량으로 매길 수 없는 다분히 주관적인 감정들이지만 나의 고통이 다른 사람에게는 위로와 위안이 되고, 방황이 지난 자리에 등장하는 나의 본래 모습을 찾아갔다.

누구나 겪어야 하는 것이 있고 그걸 운 좋게 지나간다 해도 생이 끝나기 전 언젠가는 그 일을 겪어 내야 한다는 법칙, 지금 내가 가진 것에 만족하고 감사하며 즐기는 삶이 최고가 아닐까 싶다.

그렇다면 나는 이미 많이 써버린 것은 무엇이고, 아직 많이 남아 있는 것들은 어떤 것들일까.

모래성

일 년 전부터 나의 주파수는 온통 회사 대표님에게 향해 있었다. 대표님의 투병 소식은 계절을 잊게 했다. 입원과 수술로 나날이 야위어 가는 모습은 가슴을 조여왔다. 지난봄, 급기야 항암을 포기했다는 소식을 들었을 때는 실낱같은 희망이 사라지며 회사의 존립 여부가 걱정되었다. 위태로움을 직감했는지 며칠째 꿈자리가 사나웠다.

주말 저녁이었다. 대표님이 방금 소천하셨다는 비보를 받았다. 부음 소식에 갑자기 숨을 못 쉴 것만 같았다. 머리와 가슴이 충돌하며 시간과 공간이 왜곡되어 블랙홀로 빠져들었다. 몸 한가운데로 흐르던 맑은 물줄기가 모두 말라버린 기분이었다.

발인 날이다. 오전 9시, 영구차가 사옥 출입구에 들어오자 30여 명의 직원들이 나란히 서서 선절을 올리며 예를 표했다. 23년을 한결같이 드나들며 청춘을 바쳐 일으킨 건설사업장이다. 사옥 마당에 영정사진이 놓인 노제 상이 차려지고 유족과 조문객들은 극

락세계를 염원하는 축문 소리에 감출 수 없는 애통함이 사옥을 에워싼다. 이제 겨우 환갑을 맞은 영정사진을 사장실 소파에 앉혀놓고 있자니 들 찔레처럼 가슴에 아려왔다.

산소를 향해 가는 내내 영구차 안은 슬픔에 젖었다. 대표님이 영원히 안식하여야 할 광중壙中에 아내의 백랍 같은 손아귀에 잡힌 삽자루에서 우수수 떨어지는 부토가 망자의 관 위로 쌓였다. 60성상 긴 세월을 사신 것에 비하면 마지막 보내드리는 시간이 짧기만 했다.

봄의 서막을 알리는 벚꽃이 흐드러지던 날, 망자를 모시고 돌아오던 길에 벚꽃조차 소복으로 다가왔다. 벚꽃에서 왜 아픈 국화향기가 나는 건지, 벚꽃잎이 바람에 날갯짓할 때마다 가슴에는 허리케인 태풍을 일으켰다.

바다를 보면 무거웠던 마음이 조금이나마 잊힐까 무작정 찾아온 해변이다. 4월이 그린 한 폭의 풍경화가 바다 위에 그려져 있다. 눈앞에 비경이 오히려 슬픈 해변이다. 봄이 길게 드러누운 백사장을 걷자니 바다가 따라오고 바람결에 실려 보낸 이별이 파도를 타고 다시 찾아온다. 파도 소리가 유족의 통곡 소리와 합해져 진혼곡으로 다가왔다.

이렇게 무작정 떠나왔지만, 해변의 봄 바다는 입을 다물었고 바닷바람조차 말이 없었다. 드넓은 푸른 바닷물 윤슬은 망자의 눈물 빛으로 다가온다.

악성 종양으로 투병하며 일 년을 넘게 그 엄청난 고통도, 역병인 코로나19도 물리쳤던 힘은 직원들을 지키기 위한 책임감으로 하루하루를 버티게 했다는 걸 안다.

사업가로 이십여 년을 키워 온 사업장이 하루아침에 풍비박산을 맞았다. 그를 위한 성과를 올렸고, 지금은 그 성과가 이루어졌는데 그는 함께 있지 않다. 이제는 부초처럼 떠도는 회사의 운명 앞에 직원들은 난파된 배 안에서 각자도생의 길을 찾아야만 한다.

시시각각 변하는 구름과 흔들리는 물살을 보고 있자니 조금은 위안이 되었다. 시간이 멈춘 듯한 이 공간에 마른 찻잎 하나를 물에 띄우면 되살아나는 것처럼 말라붙은 찻잎 같던 내 마음에 생기가 되살아났다. 멈춤을 도저히 멈출 수 없는 것이 이별의 아픔인가 보다. 그 그림자는 실체가 되고 그 실체는 다시 또 다른 실체의 그림자가 되어 끊임없이 꼬리를 물고 이어졌다.

피로가 온몸을 타고 몸이 무거워질 무렵 쉼을 할 수 있는 곳에서 커피 향이 부른다. 나와 나이가 비슷해 보이는 주인장 여인이 건네주는 커피를 건네받았다. 바다는 누군가에게는 쉼터가 되고 누군가에게는 삶터가 된다.

이 한 모금 커피의 쓴맛으로 지울 수만 있다면 슬픔도 향기로 잠재울 수 있을 것만 같다.

드디어 해가 지기 시작하고, 바다와 모래사장에 비치는 노을을 보는데 갑자기 또 울컥해 버린다. 밤새워 놓는 수가 부디 매듭이 잘되어지길 기도한다.

바다에 서 있으면 떠난 이도 남은 이도 모두가 이방인이 되어 세상을 분리한다. 그리하여 오롯이 나만을 바라보게 한다.

시간이 갈수록 바다는 또 다른 힘으로 자신을 받아들일 수 있는 시간을 준다. 즐거울 때도 아플 때도 찾아오는 바다. 나에게는 내가 묻는 말에 해답을 주고, 새 희망을 준다.

삭朔의 그림자를 찾는 김민정의 수필세계

강돈묵

1. 들어가기

수필가 김민정의 세 번째 수필집을 만난다. 2008년 문단에 데뷔하여 《여백에 핀 꽃(2018)》, 《다시, 봄(2020)》에 이어 출간되는 세 번째 수필집이다. 이 글은 세 번째 수필집 《내가 만난 세상》 속에서 우리가 접할 수 있는 수필가 김민정의 작품세계를 살펴보는 데에 그 목적을 둔다.

수필가는 체험 속에서 소재를 찾는다. 체험 속에서 소재를 찾는다는 말은 '사실'에서 글감을 취택한다는 뜻이 된다. 그래서 수필을 작가의 고백문학이라고 일컫는다. 왜냐하면 작가 자신이 살아온 삶 속에서 피운 꽃이나 열매는 물론이고, 엉긴 앙금이나 찌꺼기를 가지고, 그것에 의미를 부여하여 언어로 표현한 것이 수필이기 때문이다.

흔히 고백은 자신이 경험한 바나 알고 있는 정보를 스스로 밖으로 표출하는 것이기에 일인칭 시점을 취하고, 허구에는 눈을 감으면서 있는 그대로 솔직담백하게 뇌까린다. 이것은 수필이 생득적으로 끌어안고 있는 숙명이다. 마치 옆의 친구에게 속삭이듯 지나온 삶을 이야기한다. 그러면서 자신의 존재를 은연중 드러내는 멋을 부리니 나르시시스트가 수필가이다.

먼저 이 나르시시스트의 행색을 살펴본다. 수필가는 자신을 드러내기 위해 체험 속에서 소재를 찾는다. 구석구석에까지 샅샅이 뒤지며 보석이라도 찾아내듯 열성적이다. 그러나 그 행위가 너무 노출되는 것도 꺼린다. 너무 소재에 민감하면 소재주의에 빠질 우려가 있다며 경계한다. 여하튼 소재 발굴을 위해서 수필가들은 늘 깨어 있어야 한다. 항시 새로운 소재를 찾아 나서는 적극성이 있어야 좋은 글을 얻을 수 있기 때문이다.

특이한 소재만 찾지는 않는다. 신기한 것을 찾아 나서기보다 참신한 데 더 관심을 둔다. 참신한 소재란 지금까지 전혀 듣도 보도 못한 특이한 것이 아니라 작가의 심안으로 일상 속에서 끄집어낸 것이다. 이는 순전히 작가의 소재 수용 자세에서 결정될 일이다.

기존의 방법에서 이탈하여 새로운 시각으로 대상을 바라보면서 의미를 부여한다면 그것은 문학적 소재로 다시 태어난 것이다. 그러니까 수필의 소재는 생활 속에서 찾아내지만, 선택한 그 자체가 소재가 되는 것이 아니라 여기에 작가의 해석이 가해져야 만 문학적 소재로 환치된다.

소재의 활용 방법도 그렇다. 선택한 소재라도 어떻게 활용하느냐에 따라 작품이 갖는 의미가 현저하게 차이를 보인다. 어떠한 소재든 사람의 이야기가 되어야 한다. 동원되는 사물이나 사건들은 어디까지나 작가의 정체성을 드러내기 위한 보조물에 불과하다. 취택한 우주 만물 중의 하나는 작가의 손을 거쳐 그 특성을 가진 사람으로 형상화해야 한다. 그래야만 작가가 의도하는 정체성이 드러나게 된다. 소재 사냥의 차별화는 결국 작가의 깨어 있는 눈에서 출발한다고 볼 수 있다.

똑같은 소재를 가지고도 다른 뜻을 찾아내는 것은 작가의 발칙한 해석으로 가능하다. 많이 보고 깊이 생각하는 삶을 체질화해야 한다. 독서와 사색은 이런 소양을 길러주는 임무를 충실히 수행하는 것들이다. 이를 게을리해서는 안 된다.

이제 김민정 수필가의 수필집 《내가 만난 세상》속에 나타난 모습을 살펴본다. 그의 일상 속에서 어떤 유형의 모습이 드러나는지를 살피는 것은 작가의 작품세계에 깊이 머물며 진지하게 즐거움을 음미하는 것과 다르지 않다.

2. 자연에 나름의 색 덧칠하기

우리가 접하는 자연은 시간을 두고 미미한 변화를 시도하지만, 그 속도는 아주 더디다. 언제나 같은 모습이라고 인식되기 일쑤이다. 그뿐 아니라 같은 순간이라면 그것을 바라보는 사람들의 눈에는 대동소이하다. 하지만 육안이 아닌 심안으로 인식할 때는 사람마다 현저한 차이를 보인다. 심안으로 문학적 소재라 인식한다면, 그것은 작가의 심성이나 취향, 그리고 살아온 여정에 따라 해석한 것이기에 현저한 차이를 보이게 된다.

다르게 인식된 자연은 작가의 내적 요구에 따라 나름의 색을 덧칠하게 된다. 입혀진 옷의 색을 살펴보는 것은 작가의 세계를 알아내는 데에 빼놓을 수 없는 통로가 된다. 이 통로를 놓치지 않고 따라가 작가를 만나는 일은 참으로 가치 있는 일이다. 수필가 김민정에게 있어서 자연은 어떤 색으로 칠해질까.

> (가) 이른 봄 천변은 목가적이다. 수십 리 하천을 따라 형성된 논과 밭에서는 비닐하우스 안에서 먹음직스러운 딸기가 주렁주렁 열리고, 가지마다 방울토마토가 탱글탱글 익어가고 있다. 천변 길로 이어지는 이 길은 인도가 따로 없어 걷기에 불편하지만 군데군데 쉼터가 있어 가끔 차를 세우고 흘러가는 강물을 바라

보며 망중한에 빠지기도 한다. 서두름 없이 흘러가는 들녘 풍경이 더할 나위 없이 평화롭기만 하다. 허허로운 천변은 버드나무와 여러해살이풀과 갈대가 군락을 이뤄 거대한 습지로 형성되어 있다. 가을에 한껏 매력을 뽐내던 갈대는 이제 봄바람을 맞으며 다시 생기를 입는다.

(나) 천변 풍경에 빼놓을 수 없는 것 중 하나는 오목하게 팬 왕 버드나무 몸통 안에서 실 버드나무가 뿌리를 박고 기생하고 있는 모습이다. 혹처럼 거추장스러울 법도 하건만 왕 버드나무는 품에 안고서도 강물을 맑게 하고 물고기와 새와 풀을 살리고 있다.

—「내가 만난 세상」에서

윗글 (가)는 수필가 김민정이 바라본 일상의 자연이다. 누구나 흔히 바라보게 되는 자연이다. 그런대로 옆의 친구와 어울려 생을 유지해 가는 생명체에 불과하다. 작가도 자주 일별하고 스쳤을 법한 자연이다. 그러나 (나)는 다르다. 그 넓은 자연 속에서 작가가 찾아낸 대상은 천변의 왕버들이다. 작가의 일상적인 삶에 타자에게 배려하는 마음이 없었다면 전혀 눈에 띄지 않았을 장면이다. 그리고 그 대상을 심안으로 바라보고 해석하기에 왕버들이 시야로 들어오는 것이다. (나)에서 보면 실버들과 왕버들이 함께 공존하는데 작가의 시선은 왕버들에 꽂힌다. 다른 이에게 기생하는 실버들보다 자신의 아픔과 부담을 감내하며 옆 친구에게 사랑을 베푸는 왕버들의 모습에 애정이 머문다. 왕버들이 실버들만이 아니고 물고기와 새와 풀에까지 사랑을 베풀고 있는 모습이 잡히는 것은 당연하다. 작가가 추구하는 삶과 같기 때문이다. 여기서 우리는 수필가 김민정을 만날 수 있고, 그의 마음에 흐뭇해하는 것이다.

> 혹독한 한파와 싸우며 끈질긴 생명력으로 겨울을 이겨내고 봄과 함께 새싹을 돋운다. 그 나약한 뿌리는 종족 보존을 위해 모든 양분을 쏟아부어 꽃을 피우고 씨앗을 맺는다. 장다리무꽃 뿌리는 구불텅하게 생긴 데다가 턱없이 짧고 얕게 박힌 탓에 작은 바람에도 꽃대가 쉽게 널브러진다. 가느다란 뿌리는 숨을 다해 씨방이 튼실할 때까지 결코 썩거나 병들지 않는다. 고운 빛 여린 꽃은 소중한 자식을 잉태하고 건강하게 키워낸 뒤 씨앗이 익어갈 무렵이면 잎은 거칠어지고 씨방이 든 껍질은 늙어가는 어머니의 뱃가죽처럼 쭈글쭈글하게 말라간다. 씨방이 잘 맺히면 뿌리에는 바람이 들고 잎사귀는 노랗게 시들어 죽는다. 장다리무꽃을 볼 때마다 자식에게 일생을 쏟아붓

는 어머님의 삶을 떠올린다.

—「장다리무꽃」에서

가을걷이가 끝난 밭에는 여기저기 나약한 무가 목숨을 보전하고 있다. 튼실한 것들은 진즉에 주인집 김장거리로 떠났고, 쓸모가 없어 보이는 나약한 것들만이 이삭처럼 밭에 널브러져 있다. 보기엔 처량하지만, 이것들이 추운 겨울의 고추바람까지 이겨내고 장다리꽃을 피우게 된다. 오직 일념으로 지독한 겨울을 이겨내고 꽃을 피우며 열매를 맺겠다는 모성으로 해석한다. 그러기에 작가는 씨앗을 익히고 메말라 버린 씨방 껍질을 지켜보면서 자식을 분만하고 터버린 어머니의 뱃가죽을 소환한다.

어머니를 소환하면 자연스레 자신의 지난 삶이 끌려 나온다. 송구함뿐이다. 어머니가 편안하게 딸을 지켜볼 수 있도록 떳떳한 삶이 되지 못하였다. 언제나 어머니에겐 아픈 손가락이었다. 내 생각, 내 목소리, 내 자리 없이 그저 그렇게 희미한 삶을 살다 보니 꽃을 피워도 눈길을 끌지 못했다. 언제나 어머니의 삶을 닮고 싶은 것은 작가 역시 어머니이기에 그렇다.

작가가 자연에 덧칠한 색은 자신의 색이다. 언제나 자연에서 터득한 진실의 눈빛으로 자신의 내면에 밀어 넣어 소화하는 작가.

그가 수필가 김민정이다. 마치 지렁이가 흙을 삼켜 박테리아를 배양해 밖으로 밀쳐 내놓은 지렁이 똥과 같다. 그러기에 지렁이 똥에서는 지렁이의 냄새가 있듯, 김민정의 수필에는 수필가 김민정의 메시지가 있다.

3. 가족, 영원히 함께인 영혼의 그림자

태어나서 많은 인간관계를 맺고 살다가 떠나는 것이 인생이다. 그중 뗄 수 없이 숙명적으로 맺어진 것이 가족이다. 그만큼 평생을 함께하면서 희로애락을 함께 나누고, 또한 영향을 주어 삶의 방향을 바꾸기도 하고, 고정시키기도 하는 게 가족이다. 그렇다고 모든 가족이 다 똑같이 관계하는 건 아닌 성싶다. 가족 중에서도 특별히 더 밀착되어 산 사람은 기억 속에서 꿈틀거리고, 추억을 곱씹으며 살기도 한다.

수필가 김민정의 수필에는 그 많은 가족 중에서 '어머니', '남편', '자녀', '오라버니'가 자주 보인다. 어쩌면 우리 한국 사회에서는 부모, 부부, 자녀의 관계가 가장 밀착된 가족일지도 모른다. 늘 함께하면서 어떤 관계였는지를 살펴본다.

어느 날 고사목이 잘려 나갔다. 다른 사람의 눈에는 고사목이 병들어 죽은 쓸모없는 나무로 비쳤기 때문이리라. 아직은 수년 동안 흔들리지 않는 강고함이 남아있을 터인데 말이다. 자리를 잃은 새들은 어디로 갔는지 한동안 보이지 않았다. 휑한 자리 끝에는 햇빛과 바람만이 잘려 나간 그루터기를 말리고 있다.

이제는 새를 기다리는 일이 사라지니 나의 가슴에 사유의 새가 날아든다. 몸통이 잘린 고사목의 그루터기를 보며 생명의 한계를 읽는다. 푸르름이 성성했던 지난 시간도, 아픔과 상처도 옹이로 키우며 살아냈던 세월도 때가 되면 고사하여 자연으로 돌아가는 것이 생로병사 이치이련만 그 순리마저 거스르고 싶을 때가 있다.

그루터기에 앉아 아직은 성성한 나무뿌리를 만져 본다. 등은 굽었지만 차가운 수분이 남아있어 손바닥에 전해져 온다.

어머니가 가신 지도 10여 년이 지났다. 그루터기에 의지하셨던 어머니처럼 나도 떠나신 그녀의 어깨에 기대곤 한다. 마음이 공허할 때나 삶에 불만이 쌓이거나, 길을 잃고 공포 속에서 방황할 때나, 왠지 모를 외로움에 포근한 정이 그리울 때면 내 영혼의 쉼터인 어머니의 품을 찾았다. 그곳은 언제나 내 그루터기였다.

요즘에 와서 어머니와의 추억을 자주 끄집어낸다. 점차 닮아

> 가고 있음이리라. 어머니가 앉아 쉬시던 길가의 그루터기처럼 나 또한 내 아이들의 쉼터가 되었고, 아이들의 쉼터로 자리를 내어주고 있다.
>
> —「그루터기」에서

세상에 있는 모든 숨탄것은 다 똑같다. 사람이 되었든, 나무가 되었든, 짐승이 되었든 굳이 가릴 바가 아니다. 생명이 있는 것들은 태어나고 성장하고 번성하였다가는 병들고 시들어 종내에는 모두 죽는다. 흔히들 생각할 때 목숨이 다하여 생을 마감하면 모두 끝이라고 속단하는데 그런 것만도 아닌 성싶다.

나무는 죽으면 고사목으로 남는다. 물론 어린나무가 죽으면 이내 그 존재가 소멸하고 자취마저 사라지지만, 고목은 그렇지 않다. 숨이 달아난 고사목이지만, 살아 있을 때의 명성으로 오랜 시간을 버텨낸다. 시간이 흐를수록 잔가지부터 하나씩 없어지고 나중에는 원목 부분만 견디다가 밑동 그루터기는 벌레의 침범을 이기지 못하고 마침내 그마저 뽑히어 고주박으로 나뒹굴다가 존재마저 사라지고 만다. 힘든 삶이 마무리된다.

비록 목숨은 다하여 사라져도 그가 버티고 서 있던 곳은 인간의 뇌리에 아직 남아 있다. 흔들리지 않는 강고함으로 많은 사람의 의지할 곳이 된다. 그루터기에 앉으면 아직은 성성한 뿌리가 만져지고, 고사목의 체온처럼 수분이 손바닥으로 차갑게 전해 온다.

어머니는 힘들 때마다 이곳에서 쉬어 가곤 했다. 즉, 그루터기는 어머니의 쉼터였다. 이젠 그루터기마저 베어지고 기댈 곳이 없어졌다. 앉아 쉴 곳을 잃은 새들은 어머니의 마음처럼 날아갔다. 내 기대던 어머니의 어깨 같던 그루터기. 나도 힘들 때면 어머니처럼 쉴 그루터기를 찾는다. 어머니가 안 계신 지금, 그 품이 그립다. 부모의 품은 어느 시기나 그루터기가 되어 자식들의 쉼터이길 소망한다.

〈어머니의 달〉에서도 자식의 어두운 길을 밝혀 주는 등대의 빛이길 희망한다. 그 빛으로 진구렁에 빠지지 않고 목적지에 무사히 도착하기를 바라는 모성. 그 모성의 따뜻함을 알기에 자식들은 보름달 아래서 서성인다.

> 이런 나목 같은 길목을 넘어온 그가 여기 잠들어 있다. 우리는 고교 3학년 때 만났다. 학창 시절을 함께 보내며 지내다 보니 어느새 그는 나의 절친인 남편이 되어있었다.
> 동그란 얼굴에 아담한 키, 서글서글한 눈매, 순박한 모습은 누구나 다가가기에 편안했다. 가난한 농부의 아들로 장남의 짐

을 짊어지고 아래로 두 동생을 보살펴야 했지만, 긍정적인 성격은 모든 이들을 유쾌하게 했다. 불어오는 바람을 그대로 맞고, 비마저 간직하지 아니하고 그대로 흘려보내는 욕심 없는 사십여 년 공직 생활은 전형적인 서생의 모습으로 그를 서기관으로 임명했다. 치장하지 않은 수더분한 외모에 성실과 열정만이 그가 가진 전부였다. 차분한 자기성찰로 친구들이 '장그턱'이란 별명을 붙여 주었다. 변함이 없다는 말이다. 위선의 잎을 입고 사는 몇몇 친구들은 내세우지 않는 그의 자존감을 은근히 부러워했다. 그는 상대의 마음을 여는 힘이 있었고, 대화를 유창하게 하지 않아도 존재감이 있었으며, 매력적으로 보이려고 무리한 노력도 하지 않았다, 말 잘하는 사람보다는 말을 하게끔 만드는 사람이었다. 늘 곁에서 거목처럼 흔들림 없이 몸짓 하나하나에서 풍겨 나오는 여유와 아우라는 꾸미지 않아도 빛이 났다.

정년하면 마음껏 날아다니며 살겠다며 새도 아닌데 산속에 갇혀 살았다. 은퇴 후 전원에서 아침저녁으로 텃밭 채소에 물을 주고 열매를 따면서 그 사랑을 택한 아내를 위해 세계 일주를 꿈꾸며 여유자금을 모아 두었다.

—「나목」에서

가족 중에서 가장 가까운 존재는 부부 사이인 옆지기가 아닐까. 한 가정에서 남편의 존재는 언제나 소중하다. 하지만 수필가 김민정은 이미 혼자이기에 친구의 가정을 소환한다. 친구는 고교 3학년 때 만나 학창 시절을 함께 했던 사람과 결혼했다. 그 결혼은 긴 세월의 사귐 때문이라기보다는 신뢰와 믿음이 쌓였기에 가능했다.

하지만 친구 부부는 질병으로 사별한다. 그리움은 만남이 불가하기에 더 깊고, 절실하다. 같이 함께 할 때는 미처 소중함을 몰랐던 것까지도 새록새록 되살아나는 것은 어쩔 수 없다. 그냥 내 남편이었을 뿐이던 사람. 그의 자상함이 밀물져 온다. 언제나 아내를 아껴주던 생전의 모습이 날이 갈수록 선명해진다. 욕심 없이 견딘 공직 생활 40년. 수더분한 외모로 상대방의 마음을 열어내는 힘의 소유자. 언제나 자기성찰을 하는 사람. 거목의 존재감으로 흔들림 없는 사람. 생각할수록 그의 존재감이 크고 믿음직하다.

벗길수록 더 신뢰가 가는 사람. 친구는 남편을 드러내는 데에 주저함이 없다. 가식의 의상을 다 물리쳐도 전혀 부끄럽지 않은 부부를 지켜보면서 작가는 남편이란 존재를 〈나목〉에 얹어 긴 시간 간직하려 한다.

나에게도 떠나보내야 할 것을 보내지 않으려고 하는 것이 단

하나 있다.

남편 대신 아이들에게 기대어 사는 나는 아이들이 결혼으로 내 곁을 떠날까 봐 벌써 걱정이 앞선다. 둘 아이 중 하나만이라도 곁에 두고 있어야 안심이 되고 안정될 것만 같은데 모두 떠나면 어떻게 혼자 살아가야 할지 그 무게가 벌써 전이되어 온다. 엄마의 마음을 알기라도 하듯 아들은 결혼하더라도 엄마와 합가하여 살겠다고 한다. 엄마의 안위를 걱정하는 마음은 고맙지만, 합가는 서로가 불편할 것 같아 내가 반대하는 처지다. 생각 끝에 아들을 결혼시키게 되면 내가 사는 아파트의 옆 동에 집을 마련하여 언제든지 만나고 서로가 필요할 때 편한 차림으로 드나들게 하면 좋을 것 같다는 생각이 들었다.

이런 나를 두고 친구는 그것은 집착이라며 일침을 놓았다.

"그런 생각은 아예 생각조차 하지 말아! 자식이 행복하길 바란다면 너의 마음에서 우선 자식을 떠나보내야 해, 자기들끼리 알아서 살아가도록 하고, 간섭과 관심도 적당히 끊도록 해야 해."

—「떨켜」에서

여름 동안 무성했던 이파리들은 가을을 맞아 변하는 세상에 적극적으로 대처한다. 갑자기 줄어드는 수분을 적절히 관리하기 위해 잎자루의 끝에 차단막을 설치한다. 그로 인해 이파리로 흐르던 수분이 줄기에 머물게 되어 나무는 생명을 움켜쥘 수 있다. 이 차단막을 우리는 '떨켜'라 한다. 항시 자유롭게 소통하던 통로를 급작스럽게 차단하는 떨켜. 이 엄연한 현실을 지켜보면서 수필가 김민정은 자식과의 차단을 깨닫는다.

일찍이 남편과 사별하고 혼자 사는 작가는 그 외로움과 불안함을 자식들에 의존해 살고 있다. 그러나 흐르는 세월 속에서 아이들이 결혼하면 어쩌나 불안해한다. 급기야 결혼시키면 둘 중 하나는 함께 살기는 어려워도 같은 아파트 단지의 이웃 동쯤에 살게 할 생각도 해 본다.

하루는 그런 생각에 젖어 있는 작가에게 친구는 집착하지 말라고 질책한다. 지금까지 가지고 있던 자식관에 변화의 철퇴를 가한다. 독립하도록, 자식의 행복을 위해 떼어내라는 충고다. 그동안 어머니의 마음이 흐르던 통로에 '떨켜'를 설치하여 독립된 개체로 인식하라는 지적이다. 작가는 떨켜에서 자식 사랑의 지혜를 읽는다.

수필가 김민정에서 아주 가까운 사람은 몇 분에 한정된다. 요란하지 않으면서도 조용히 매진하는 가정의 풍속도를 보는 듯하다. 어려움이 닥쳐도 가족애로 극복하는 지혜가 있어 늘 건강한 웃음을 기대할 수 있어서 좋다.

4. 소망하여 곁에 두고 기대고픈 인간

사람들은 태어나면서부터 서로 부대끼며 살게 되어있는 사회적 동물이다. 좋든 그렇지 않든 사람은 사람 속에서 먹고 숨 쉬고 배설하며 산다. 감염병 팬데믹으로 한동안 사람과 사람이 부딪치는 것을 꺼리고, 나름대로 참고 견디며 시간을 죽여왔다.

이런 관계로 기존의 가치관에 변화가 초래됐고, 심지어는 기존의 질서에 변화를 요구하기도 했다. 수필가 김민정은 어느 땐 너무 외로울 것 같아 측은지심이 일기도 한다. 사람과의 관계도 단순하고 그 범위도 그리 넓지 않다. 사람과의 교유를 살펴보면 작가가 가장 소중히 여기는 인간과의 관계가 무엇인지 어느 정도 짐작할 수 있다. 비록 단순하면서도 그 안에서 추구하는 인간형이 어떤 것인지 살펴보면 작가의 세계를 판독하는 데에 많은 정보를 얻을 수 있을 것이다.

수필집 《내가 만난 세상》 전편에 흐르고 있는 강렬한 메시지는 수필가 김민정은 언제나 희망을 움켜쥐고 산다는 점이다. 꿈을 내려놓는 법이 없다. 항상 순리대로 차분히 진행할 뿐이다. 특별히 드러난 도전적 취향은 없어도 자신의 삶을 관리하며 너그럽게 진행한다. 이것은 수필가 김민정 자신이 주문한다면 결례일까 긍정적 사고로 다가오는 삶의 역경을 받아들이는 데에서 비롯되었을

것이다. 이와 같은 삶의 태도는 성장 과정에서도 여실히 보여주고 있다. 〈인생 총량제의 법칙〉에서 보면,

> 사람마다 평생에 걸쳐 경험하는 수량이나 무게가 정해져 있다는 총량의 법칙. 어릴 적 내 성격은 내성적이며, 혼자 있기 좋아하고 멘탈에 약했다. 자신감과 자기 확신이 없었던 유년 시절은 그저 부모님 말씀 잘 듣고 학교에서는 존재감마저 희미했었다. 그러다가 사춘기를 맞이하면서 성격이 급격하게 변했다. 어디서 그런 에너지가 생겼는지 남자친구들과 밤거리를 누비며 시간 가는 줄 모르고 놀았다. 그럼 내 인생은 어떻게 되었을까. 내 인생은 망가졌을까. 아니었다. 내 인생에는 아무 일도 일어나지 않았다. 요즈음 MBTI로 말하자면 ESFP(자유분방)에 해당했다. 그때 마음껏 지낸 시간 때문인지 성인이 되어서는 차츰 성격이 다시 ENTJ(목표지향적)로 변해갔다. 살아가면서 생각이 바뀌고 가치관이 형성되는데 성격도 충분히 바뀔 수 있다는 것을 알았다. …(중략)…이렇게 사람마다 일생 소비하는 희로애락의 양이 같다고 보면, 지금 잘나간다고 들떠 있을 필요도 없고, 초라하다고 기죽을 이유도 없다.
>
> 그리하여 좋을 때는 오히려 겸손해지고 힘겨울 땐 그것도 끝

이 있다고 달래며 용기를 낼 수 있었다. 불행의 구슬을 먼저 집었고 행복의 구슬이 남아 있다고 생각하면 살면서 희망을 품었다. 이것들은 수치나 정량으로 매길 수 없는 다분히 주관적인 감정들이지만 나의 고통이 다른 사람에게는 위로와 위안이 되고, 방황이 지난 자리에 등장하는 나의 본래 모습을 찾아갔다.

—「인생 총량제의 법칙」에서

'인생 총량제의 법칙'을 철저히 신뢰하는 삶의 태도이다. 어찌 보면 자신의 삶을 운명이나 숙명으로 인식할 위험성이 있는데도 작가는 신기하게 그러질 않는다. 오히려 그런 신뢰가 긍정적 요소가 되어 작가의 삶을 지탱해 준다.

인간은 누구나 태어나서 받아야 할 사랑의 부피가 똑같고, 신에게 부여받은 능력도 똑같다. 다만 그것을 채우는 것이 무엇이냐에 따라 그 인생은 결정된다는 사고와 윗글은 너무도 흡사하다. 모든 인간이 신에게서 받은 능력은 똑같은데, 그것을 어느 사람은 좋은 일로 채우고, 또 어느 사람은 나쁜 일 하는 것으로 채운다는 식이다.

아주 어려서는 말 잘 듣는 착한 어린이로 살았고, 사춘기에는 친구들과 어울려 실컷 놀았는데 바뀐 건 하나도 없었다. 자유분방

하던 생활이 성인이 되면서 목표지향적으로 그동안 채우지 않은 쪽으로 넘어왔다. 그로 인해 생각이 바뀌고 제대로 된 가치관도 형성되었다. 그의 긍정적 사고의 단면을 '이렇게 사람마다 일생 소비하는 희로애락의 양이 같다고 보면, 지금 잘나간다고 들떠 있을 필요도 없고, 초라하다고 기죽을 이유도 없다.'는 구절에서 읽을 수 있다.

수필가 김민정은 좋을 때는 겸손을 찾고, 힘들 때는 곧 끝이 보인다고 믿고 자신을 달랜다고 했다. 지금 힘든 것은 불행의 구슬을 먼저 집었을 뿐이고, 남은 것은 행복의 구슬뿐이라며 희망을 품는다.

> 진주가 약한 여자의 눈물로 형상화되지만, 사실 진주를 만들어 내는 모체 조개가 건강하지 않으면 절대 아름다운 진주를 만들어 낼 수 없다. 평생을 끌어안고 고통을 승화시키는 일상을 견뎌낸 진주조개만이 진주의 어미가 되는 것이다. 눈물겨운 아름다운 모성을 말해 준다. 이 세상 어머니들은 한결같이 '진주의 눈물'로서 가정을 이뤄내고, 세상을 환하게 밝혀나가고 있다. …(중략)…험한 세파를 견뎌내며 보석으로 탄생한 진주처럼 이 나이가 되어 순결, 사랑, 부귀가 느껴질 수 있는 사람이 되었는지 거울 앞에 서 볼 일이다. 생김새도 낱낱이 다르

> 고, 겪어 온 세월도 다르겠지만, 자신이 살아온 삶의 왕관에 고귀한 진주로 장식되길 바라는 마음이다.
>
> —「진주 목걸이」에서

눈물겨운 아름다운 모성을 그려주고 있다. 평생을 끌어안고 고통을 승화시키는 일상을 견뎌낸 진주조개만이 진주의 어미가 될 수 있다는 기술은 단연 돋보인다. 흔히 진주를 약한 여자의 눈물로 형상화하지만, 그것이 뭉쳐져 진주를 탄생시키는 것이다. 이같이 인고의 삶에 가치를 부여하는 작가이기에 지금도 거울 앞에 서기를 원한다. 자신의 삶을 되돌아보면서 진주처럼 순결, 사랑, 부귀가 느껴지는 사람인가를 헤아려 보는 것이다. 그리고 작가 자신이 진주로 장식된 왕관을 쓸 수 있기를 기원하고 있다.

> 남편의 사후 정리를 하면서 오히려 몸은 바빠졌다. 상속에 대한 각종 서류와 씨름하며 달포를 정리하고 나니 그제야 현실의 무게가 엄습해 왔다. 그러다가 무작정 떠났다. 전국을 떠돌다가 이곳 빗개해변에서 일몰을 보는 순간 온갖 잡색을 감춰버린 붉은빛이 그녀를 끌어안았다. 붉지만 타지 않고, 붉지만 뜨겁지 않은 빛깔, 그 빛깔은 천상과의 미친 사랑이자 생명의

색이었다. 이 붉은 노을을 매일 볼 수 있다면 이 고통도 사라질 것만 같았다. …(중략)… 훗날, 그녀를 두고 제2의 인생을 멋지게 잘 살았노라고 박수를 보낼 것이다. 이제, 그녀의 인생에도 노을이 지기 시작한다. 그녀는 세상앓이를 이렇게 이겨내며 온갖 잡색을 품고도 찬란하게 비추는 저 노을처럼 세상을 아름답게 비추는 삶이 되기를 기도한다.

—「바보 카페」에서

어찌 보면 '방황'은 자기 자신에 가장 충실한 것일지도 모른다. 같이 살던 옆지기가 떠난 자리. 허전하고 외로운 자리이다. 이 자리의 괴괴함을 몰아내기 위해 얼마나 많은 밤을 보냈을까. 이 글에서는 다른 이의 홀로된 자리를 기술했지만, 작가의 공간이기도 하다. 여행으로 메우던 시절에 밧개해변의 일몰에 빠져든다. 그리고 그것에서 위안을 받는다. 붉지만 타지 않고, 붉지만 뜨겁지 않은 빛깔, 그 빛깔은 천상과의 미친 사랑이자 생명의 색으로 다가온다. 일몰에서 위안을 받는 것은 작중 화자와 일치를 이루기 때문이다.

밧개해변에 공간을 마련하고 그 카페를 '바보 카페'라 칭한 것은, 어쩌면 '바보'의 의미가 자기 자신에 가장 충실해지는 '방황'과 같기 때문일지도 모른다.

음력 매월 초하루에는 지구와 달과 태양이 일직선상에 놓인다. 이날은 달이 지구와 태양의 사이를 운행하면서 태양과 동시에 출몰하기 때문에 달빛이 보이지 않는다. 그래서 지구에서는 달을 볼 수 없다. 떠 있지만 보이지 않는 달. 이러한 상태를 삭朔이라 한다.

사람 관계에서도 삭朔을 볼 때가 있다. 곁에 있어도 드러나지 않게 붙잡아 주는 그런 달 같은 사람이다. 늘 만날 수는 없지만 나를 끌어당기는 사람, 곁에 없지만 내 가장 가까운 곳에서 주파수를 보내주고 있는 사람이다.

—「삭朔」에서

악성 종양으로 투병하며 일 년을 넘게 그 엄청난 고통도, 역병인 코로나19도 물리쳤던 힘은 직원들을 지키기 위한 책임감으로 하루하루를 버티게 했다는 걸 안다.…(중략)…시시각각 변하는 구름과 흔들리는 물살을 보고 있자니 조금은 위안이 되었다. 시간이 멈춘 듯한 이 공간에 마른 찻잎 하나를 물에 띄우면 되살아나는 것처럼 말라붙은 찻잎 같던 내 마음에 생기가 되살아났다. …(중략)… 바다는 누군가에게는 쉼터가 되고 누군가에게는 삶터가 된다.

—「모래성」에서

분명 존재하면서도 그 존재가 겉으로 드러나지 않는 것. 그것이 부정적 이미지라면 모르데, 언제나 숨어서 사회를 밝히는데 이바지하는 존재라면 다시 한번 찾아볼 일이다. 마치 태양과 지구의 사이에 끼어 있어 보이지 않아도 밀물과 썰물을 관장하는 달과 같은 존재.

우리 사회에도 이와 같은 사람이 있다. 곁에 있어도 드러나지 않게 다른 이의 어려움을 붙잡아주는 달 같은 존재. 나를 끌어당기는 사람, 가장 가까운 곳에서 주파수를 보내주고 있는 사람. 이 수필집에는 〈삭(朔)〉과 〈모래성〉에 그런 사람으로 K와 회사의 대표가 나온다. 두 사람의 이미지가 같아서 한 자리에 모셔 본다.

두 사람이 가지고 있는 특성은 똑같다. 남편을 여의고 가장 절실했던 시절에 없는 듯이 나타나서 힘이 되어준 K나 밀물과 썰물로 직원들의 곁을 공전한 대표. 태양의 빛을 빌려 어둠을 밝히고, 늘 푸른 바다가 되어 주위 사람을 품어준 사람. 마치 삭(朔)과 같은 존재이다. 수필가 김민정은 남들 앞에 나서서 설치는 사람보다,

숨어서 조용히 세상을 밝혀 주는 존재에 더 의미를 두었다.

5. 나가기

이상에서 수필가 김민정의 작품세계를 살펴보았다. 작가는 늘 성찰하는 삶을 꾸린다. 한순간도 쉬지 않고 세상의 빛깔을 관찰하고 사람들에게 보낼 메시지를 위해 분주하지 않은 날이 없다. 다만 그 몸짓이 요란하지 않을 뿐이다.

김민정 수필가의 눈빛도 언제나 깨어 있다. 그 눈빛이 자연 풍물에 닿아도 그 옆에는 작가가 있고, 사람들이 서성인다. 자연의 현상도 그냥 일별하는 게 아니고, 작가화에 선을 대고 노력한다. 작가는 외부에서 오는 자극에 민감하게 반응하고 그것의 본질이 무엇인가를 규명하는데 게으를 수 없다. 김민정 수필가 역시 분주히 움직였기에 이 수필집을 얻을 수 있었을 것이다.

김민정 수필가의 가족애는 남다르다. 그 사랑이 집약되었기에 여타의 사람에겐 시선을 주지 않는다. 자신을 낳아주시고 길러준 어머니. 그분은 남아 있는 작가에게 커다란 삶의 지혜를 주신 분이나.

그리고 남편에 대한 그리움은 지울 수 없다. 언제나 자상하고 성실했던 남편에 대한 그리움은 떠난 후에 더 절실해진다. 남편이 떠난 뒤 홀로 설 수 있었던 것도 남편의 사랑이 언제나 옆에서 지켜주기 때문일 것이다. 외로우면서도 자식은 독립을 위해 떼어내야 한다는 숙명을 받아들이고 노력하는 모습에서 수필가 김민정의 면모를 읽게 된다. 세상을 바라보는 긍정적 시각이 작가에게는 커다란 힘의 원천임을 알 수 있다.

수필가 김민정이 추구하는 인간형은 긍정적 마인드의 소유자이다. 이것이 유지되고 있다. 그러면서도 인내하는 삶에 가치를 부여하는 작가의 의도를 읽을 수 있다. 남들이 알 수 없는 곳에서 조용히 자기만의 길을 걸어가는 삶에 손을 얻는 작가가 김민정이다.

이번 수필집 《내가 만난 세상》 발간을 진심으로 축하하며 나에게 맡겨진 임무를 접는다.

김민정 수필집

내가 만난 세상

인쇄 2023년 9월 18일
발행 2023년 9월 20일

지은이 김민정
발행인 서정환
펴낸곳 수필과비평사
주소 서울시 종로구 삼일대로 32길 36(익선동 30-6 운현신화타워 빌딩) 305호
전화 (02) 3675-3885, (063) 275-4000·0484
팩스 (063) 274-3131
이메일 sina321@hanmail.net essay321@hanmail.net
출판등록 제300-2013-133호
인쇄 · 제본 신아출판사

ISBN 979-11-5933-484-9 03810

값 13,000원

충청북도 충북문화재단
* 이 책은 충청문화재단 기금을 일부 지원받아 출판하였습니다.